Schritte
international NEU 3+4
Niveau A2

Deutsch als Fremdsprache
Intensivtrainer

Daniela Niebisch

Hueber Verlag

Der Verlag weist ausdrücklich darauf hin, dass im Text enthaltene externe Links vom Verlag nur bis zum Zeitpunkt der Buchveröffentlichung eingesehen werden konnten. Auf spätere Veränderungen hat der Verlag keinerlei Einfluss. Eine Haftung des Verlags ist daher ausgeschlossen.

Das Werk und seine Teile sind urheberrechtlich geschützt. Jede Verwertung in anderen als den gesetzlich zugelassenen Fällen bedarf deshalb der vorherigen schriftlichen Einwilligung des Verlags.

Hinweis zu § 52a UrhG: Weder das Werk noch seine Teile dürfen ohne eine solche Einwilligung überspielt, gespeichert und in ein Netzwerk eingespielt werden. Dies gilt auch für Intranets von Firmen, Schulen und sonstigen Bildungseinrichtungen.

Eingetragene Warenzeichen oder Marken sind Eigentum des jeweiligen Zeichen- bzw. Markeninhabers, auch dann, wenn diese nicht gekennzeichnet sind. Es ist jedoch zu beachten, dass weder das Vorhandensein noch das Fehlen derartiger Kennzeichnungen die Rechtslage hinsichtlich dieser gewerblichen Schutzrechte berührt.

3. 2. 1.	Die letzten Ziffern
2022 21 20 19 18	bezeichnen Zahl und Jahr des Druckes.

Alle Drucke dieser Auflage können, da unverändert, nebeneinander benutzt werden.
1. Auflage
© 2018 Hueber Verlag GmbH & Co. KG, München, Deutschland
Umschlaggestaltung: Sieveking · Agentur für Kommunikation, München
Zeichnungen: Jörg Saupe, Düsseldorf
Redaktion: Julia Schulte, Berlin
Gestaltung und Satz: Sieveking · Agentur für Kommunikation, München
Druck und Bindung: Passavia Druckservice GmbH & Co. KG, Passau
Printed in Germany
ISBN 978–3–19–331084–2

Inhalt

Schritte international Neu 3

Lektion 1	4
Lektion 2	9
Lektion 3	14
Lektion 4	19
Lektion 5	24
Lektion 6	29
Lektion 7	34

Schritte international Neu 4

Lektion 8	39
Lektion 9	44
Lektion 10	49
Lektion 11	54
Lektion 12	59
Lektion 13	64
Lektion 14	69

Lösungen   **74**

Grammatik

1 Schreiben Sie Sätze mit *weil*. ___/6 Punkte

a Ernesto macht einen Deutschkurs. Denn er möchte in Deutschland arbeiten.
   Ernesto macht einen Deutschkurs, weil er in Deutschland arbeiten möchte.

b Die Lehrerin ist sauer. Denn Ernesto ist heute zu spät gekommen.

c Ernesto hat auch keine Hausaufgaben gemacht. Denn er ist gestern umgezogen.

d Ernesto lädt Lidia aus Polen zum Kaffee ein, denn er findet sie nett.

e Lidia hat heute aber keine Zeit. Denn sie muss eine Freundin vom Bahnhof abholen.

f Ernesto ist traurig. Denn Lidia hat keine Zeit für ihn.

g Aber am Abend ist er glücklich, denn Lidia hat ihn angerufen: Morgen hat sie Zeit.

2 Mit oder ohne *ge-*? Ordnen Sie zu und schreiben Sie in der richtigen Form. ___/5 (10 x 0,5) Punkte

~~vermissen~~ mitkommen erfahren bemerken einziehen passieren
aufmachen anfangen verlieren auspacken telefonieren

a mit *ge-*: _____ _____ _____

b ohne *ge-*: *vermisst* _____ _____

3 Ergänzen Sie in der richtigen Form. ___/9 Punkte

> **E-Mail senden**
>
> Hallo Frau Müller,
> ich bin gut in Österreich _____ (ankommen).
> Mein Freund Moritz hat mich _____ (abholen) und wir sind zusammen zu seiner WG _____ (fahren). Ich bin sofort ins Bett _____ (gehen) und auch sofort _____ (einschlafen), weil ich so müde war. Ich habe nicht mal meinen Koffer *ausgepackt* (auspacken). Die Reise war aber auch lang. Mein Flug hatte drei Stunden Verspätung und ich habe in München meinen Bus nach Innsbruck _____ (verpassen). Vier Stunden habe ich auf den nächsten Bus _____ (warten). Weil ich so viel Zeit hatte, habe ich die Frauenkirche _____ (besichtigen). Dann hatte der Bus auch noch ein technisches Problem, aber zum Glück hat der Fahrer den Bus schnell _____ (reparieren). Morgen beginnt schon mein Deutschkurs.
> Hoffentlich lerne ich hier genauso viel wie bei Ihnen ;-).
> Viele Grüße Alexej

GRAMMATIK ___/20 Punkte

LEKTION 1   4

Wortschatz

4 Ergänzen Sie die Familienmitglieder. .... /5 Punkte

a meine Tochter und mein _Sohn_
b meine Schwiegermutter und mein _____
c meine _____ und mein Onkel
d meine _____ und mein Cousin
e meine Schwägerin und mein _____
f meine Nichte und mein _____

5 Ergänzen Sie. .... /5 Punkte

a Kerstin Meier ist _verheiratet_ .

d Mia ist jetzt _____ .

b Rita Kling ist _____ .

e Eloisa lebt allein mit ihren zwei Kindern, das heißt: Sie ist _____ Mutter.

c Nina hat keinen Mann oder Freund. Sie lebt allein und ist _____ .

f Luisa, Alina und Patricia wohnen zusammen. Sie sind eine _____ .

WORTSCHATZ .... /10 Punkte

LERNTIPP

Trennbare Verben

Aus vielen Verben (machen, gehen, schlafen, …) kann man neue Verben machen: durch Präfixe. Präfixe sind zum Beispiel: *ab-, an-, auf-, aus-, ein-, um-, zurück-* und viele mehr. Viele Präfixe haben eine Bedeutung: Das Präfix *ein-* zum Beispiel bedeutet oft „von außen in etwas hinein". Was bedeuten *aus-* und *um-* im Beispiel?

steigen

einsteigen   **aus**steigen   **um**steigen

Machen Sie mit diesen Präfixen neue Wörter zu „ziehen" und „packen". Was bedeuten sie? Suchen Sie auch in Ihrem Wörterbuch. Welche Wörter kann man aus „machen" oder „gehen" bilden? Sammeln Sie und schreiben Sie Beispielsätze.

Lesen

6 Was ist richtig? Lesen Sie und kreuzen Sie an. .... /6 Punkte

Die Fuggerei – eine besondere Wohnform

Kennen Sie die Fuggerei? Es ist eine kleine Stadt in der Stadt in der Mitte von Augsburg: 67 Häuser mit zwei Stockwerken und insgesamt 140 Wohnungen. Das Besondere: In die Wohnungen dürfen nur Menschen mit sehr wenig Geld einziehen. Und sie müssen katholisch sein. Und stellen Sie sich vor: Die Miete kostet nur 0,88 Cent pro Jahr! Warum das so ist? Schon vor 500 Jahren hat Jakob Fugger diese Häuser gebaut. Die Familie Fugger hatte – und hat immer noch – sehr viel Geld und möchte Menschen mit wenig Geld helfen. Die Miete ist so billig, weil die Fugger kein Geld mit der Miete verdienen wollen. Und das ist bis heute so. Fahren Sie doch einmal nach Augsburg! Für nur vier Euro können Sie in der Fuggerei spazieren gehen, eine Wohnung ansehen und ein Museum besuchen. Und es gibt auch ein Restaurant.

a Die Fuggerei ist ○ eine Stadt in Deutschland. ○ ein Stadtviertel.
b Dort gibt es ○ 67 ○ 140 Wohnungen.
c In den Wohnungen leben Menschen mit ○ viel ☒ wenig Geld.
d Die Miete ist ○ günstig. ○ teuer.
e Familie Fugger möchte ○ anderen helfen. ○ viel Geld verdienen.
f Die Fuggerei ist ○ noch jung. ○ sehr alt.
g In der Fuggerei muss man als Tourist ○ Eintritt ○ keinen Eintritt bezahlen.

7 Richtig oder falsch? Lesen Sie und kreuzen Sie an. .... /4 Punkte

········· **FRAGE DER WOCHE** ·········

Diese Woche: Welches Familienmitglied ist besonders wichtig für Sie?

Iliana, 25 aus Bergheim

Meine Tante Olja! Als Kind war ich sehr gern bei ihr, weil sie einen großen Garten hatte. Meine Familie hat in der Stadt gelebt, bei Tante Olja im Dorf hat es mir viel besser gefallen. Leider sehe ich meine Tante nur noch selten, weil sie in Bulgarien lebt und ich in Deutschland.

Masoud, 23 aus Kerpen

Mein Cousin Abas und ich sind wie Geschwister. Unsere Familien haben in einem Haus gewohnt und wir waren als Kinder immer zusammen. Wir haben die gleichen Hobbys: Autos und Fußball. Wir wohnen jetzt an verschiedenen Orten, aber wir skypen jeden Tag.

	richtig	falsch
a Olja lebt in Deutschand.	○	☒
b Ilianas Tante lebt in der Stadt.	○	○
c Iliana sieht ihre Tante nicht oft.	○	○
d Masoud und Abas sind Geschwister.	○	○
e Masoud und Abas sprechen jeden Tag zusammen.	○	○

LESEN .... /10 Punkte

Hören und Sprechen

PAUSE

Was bedeutet das? Lesen Sie und kreuzen Sie an.

Ariane ist in der Medizin zu Hause.

○ Ariane weiß gut über Medizin Bescheid.
○ Ariane wohnt im Krankenhaus.

8 Was ist richtig? Hören Sie und kreuzen Sie an. .... /5 Punkte

a Anja ist sauer, weil
  ○ Mike nicht kommen kann.
  ○ Mike nicht angerufen hat.
b Oliver ist so müde, weil
  ○ er so lange ferngesehen hat.
  ○ er seinen Computer repariert hat.
c Marion ist glücklich, weil
  ○ sie einen netten Mann kennengelernt hat.
  ○ ihr Bein nicht mehr wehtut.
d Rüdiger ist traurig, weil
  ○ sein Freund Thorsten keine Zeit für ihn hat.
  ○ seine Frau Katrin von ihm getrennt leben will.
e Elfi ist glücklich, weil
  ○ sie schwanger ist.
  ○ sie einen neuen Job hat.

HÖREN .... /5 Punkte

9 Eine Aussage gliedern: Ordnen Sie zu. .... /4 Punkte

Dann | Später | Zuerst | schließlich | ~~Letztes Jahr~~

Letztes Jahr bin ich bei meinen Eltern ausgezogen. _____ habe ich in einer kleinen Dachwohnung gewohnt. Aber das hat mir nicht gefallen: Am Abend war ich immer allein. _____ bin ich in eine Wohngemeinschaft mit zwei Freunden umgezogen. _____ ist noch ein Freund bei uns eingezogen. Wir vier zusammen, das war toll! Aber alle haben einen Job in einer anderen Stadt gefunden und _____ war ich wieder allein. So ein Pech!

7 LEKTION 1

Sprechen und Schreiben

10 Was passt? Kreuzen Sie an.   ___/ 5 Punkte

a ◆ Ich habe letzte Woche mein Flugzeug verpasst, weil die S-Bahn Verspätung hatte.
  ○ ☒ Oje! Und was hast du dann gemacht? ○ ○ Wie peinlich!
b ◆ ○ Zum Glück, ◆ ○ Stell dir vor,   gestern bin ich mit dem Fahrrad in einen Mann gefahren.
  Der Mann war mein Chef!
  ○ ○ Wie peinlich! ○ ○ Das finde ich nicht so toll.
c ◆ Hallo, Mandy. Lange nicht gesehen. Wie geht es dir?
  ○ Super! ○ Du glaubst es nicht, ○ So was hast du noch nicht erlebt,
  aber ich habe endlich Arbeit gefunden.
d ◆ Wie war dein Urlaub, Anton?
  ○ Schlecht. Es hat 14 Tage nur geregnet.
  ◆ ○ So ein Pech! ◆ ○ Zum Glück!
e ◆ Ich suche jetzt schon sechs Monate, aber ich finde keine Wohnung.
  ○ ○ Du glaubst es nicht! ○ ○ Das klingt nicht gut.

SPRECHEN   ___/ 9 Punkte

11 Schreiben Sie die E-Mail.   ___/ 6 Punkte

~~fast den Bus verpassen~~   den Wecker nicht hören   dann schnell mit dem Taxi zum Busbahnhof fahren
die Fahrt neun Stunden dauern und Rückenschmerzen bekommen   auch noch großen Durst bekommen
kein Wasser dabeihaben   mit Durst, müde und hungrig ankommen

> **E-Mail senden**
>
> Liebe Alexandra,
> ich schreibe Dir heute aus meiner Heimatstadt Breslau. Vor wenigen Stunden
> bin ich bei meinen Eltern angekommen.
> Stell Dir vor, *ich habe fast den Bus verpasst,*
> weil _____.
> Ich bin _____
> _____.
> Leider _____
> _____.
> Dann _____
> Aber _____.
> Schließlich _____.
> Bis bald!
> Marek

SCHREIBEN   ___/ 6 Punkte

MEINE PUNKTE						___/ 60 Punkte
☺	☺	☺	😐	☹	☹	
60–55:	54–49:	48–43:	42–37:	36–31:	30–0:	
Super!	Sehr gut!	Gut.	Es geht.	Noch nicht so gut.	Ich übe noch.	

Grammatik

1 Was ist richtig? Kreuzen Sie an. ...... / 5 Punkte

a Maria wirft das Papier in ○ der ☒ den ○ dem Papierkorb.
b Larissa hängt das Bild an ○ die ○ der ○ das Wand.
c Die Zeitung steckt zwischen ○ die ○ den ○ dem Büchern.
d Die Fotos sind unter ○ das ○ dem ○ den Bett.
e Man soll Papier und Glas nicht in ○ der ○ dem ○ die Mülltonne werfen.
f Die Lampe steht hinter ○ die ○ das ○ der Tür.

2 Ergänzen Sie. ...... / 5 Punkte

a Oje! Die Gäste sind da – Bastian mit Blumen _____ _____ Hand.
Aber Sophie hat die Wohnung nicht aufgeräumt.
b Socken und Schuhe liegen _____ Boden.
c Der Stuhl muss _____ Wohnzimmer.
d Ein T-Shirt hängt *über* *der* Lampe.
e Die Lampe steht _____ Bett.
f _____ _____ Küche steht viel Geschirr.

3 Was sagen die Leute? Ergänzen Sie. ...... / 4 Punkte

a ◆ Natürlich gibt es hier ein Restaurant. Sie müssen nur die Treppe *raufgehen*.

b ◆ Zur U5? Ganz einfach. Du musst hier _____.

c ◆ Der Zug nach Mannheim fährt auf Gleis 18. Sie müssen also da _____.

d ◆ Ach, Herr Meier. Der Doktor wartet schon auf Sie. Sie können gleich zu ihm _____.

e ◆ Es regnet. Wir können nicht _____.
○ Dann bleiben wir zu Hause und spielen etwas. Okay?

GRAMMATIK ...... /14 Punkte

9 LEKTION 2

Wortschatz

4 Was passt nicht? Streichen Sie. .... / 4 Punkte

a Das Buch   ~~hängt~~/steht/liegt   auf dem Tisch.
b Das Bild   hängt/steht/liegt   an der Wand.
c Die Zeitung hängt/steckt/liegt   in der Tasche.
d Die Bluse   hängt/steht/liegt   im Schrank.
e Die Katze   steht/liegt/steckt   neben dem Stuhl.

5 Ergänzen Sie in der richtigen Form: *stehen – stellen – legen – liegen*. .... / 5 Punkte

a ◆ Felix, _stellst_ du schon mal das Geschirr auf den Tisch?
     Ich bringe dann gleich den Kaffee.
  ○ Ja, das mache ich gern. Aber wo _____ denn dein Geschirr?
  ◆ Da drüben im Schrank.
b ◆ Den ganzen Tag _____ du im Bett und hörst Musik.
     Kannst du nicht etwas anderes machen?
  ○ Ja, klar, kein Problem. Ich _____ mich auf das Sofa und sehe fern.
c ◆ Alex, die Bücher da – die auf dem Tisch: Räumst du sie bitte auf?
  ○ Okay. Wohin soll ich sie _____ ?
  ◆ Na, ins Bücherregal natürlich. Aber bitte ein Buch neben das andere.
d ◆ Wo ist denn die Zeitung?
  ○ Sie _____ dort auf dem Tisch.

> **LERNTIPP**
>
> **singen und tanzen = lernen**
> 🔊 6 1 Nach den Wörtern **in, auf, über, an, neben, zwischen, hinter, vor, unter** kommen verschiedene
>   Artikelformen (*wo* + Dativ oder *wohin* + Akkusativ). Merken Sie sich die neun Wörter
>   mit dem bekannten Lied über Bruder Jakob. Sie hören das Lied auf Ihrer CD.
> 2 Oder: Zeigen Sie mit dem Finger **in** den Mund, legen Sie dann Ihre Hand **auf** Ihren Kopf,
>   **über** Ihren Kopf, **an** Ihren Kopf, **neben** Ihren Kopf, dann den Kopf **zwischen** die Hände,
>   **hinter** Ihren Kopf, **vor** Ihr Gesicht und zum Schluss **unter** Ihren Kopf.
>   Sprechen Sie oder singen Sie: „in, auf, über …"

6 Ergänzen Sie. .... / 5 Punkte

Hallo Maria,
ich bin zu meiner Mutter gefahren. Es geht ihr nicht gut. Könntest Du bitte die
P f l a n z e n _____ ß _____ und meine Katze Mimi f ____ t _____ ?
Ich e ____ w _____ t _____ auch einen Brief. Kannst Du bitte in den
B _____ k _____ sehen? Prospekte kannst Du in den Müll
w _____ f _____ . Die brauche ich nicht.
Danke und bis morgen Abend
Lukasz

LEKTION 2

Wortschatz

7 Verbinden Sie.   .... /3 (6 x 0,5) Punkte

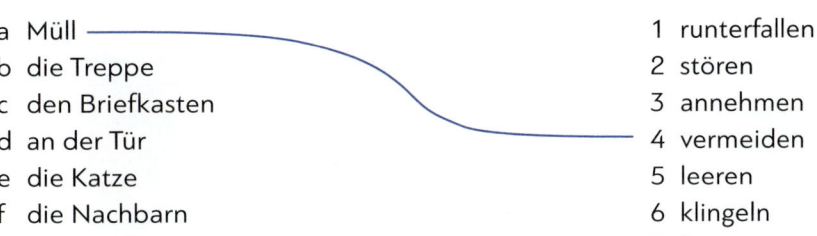

a Müll
b die Treppe
c den Briefkasten
d an der Tür
e die Katze
f die Nachbarn
g ein Päckchen

1 runterfallen
2 stören
3 annehmen
4 vermeiden
5 leeren
6 klingeln
7 füttern

WORTSCHATZ .... /17 Punkte

PAUSE

Lösen Sie das Rätsel und finden Sie die Lösung.

1 Da kommen die Bücher rein: in das …
2 Die Briefe sind im …
3 Er arbeitet in Schulen und großen Häusern, repariert Sachen und putzt: der …
4 Er installiert und repariert Sachen, aber er putzt nicht: der …
5 Da kommt der Müll rein: in die …
6 Der Paketbote bringt Pakete und …
7 Kinder spielen immer gern mit …

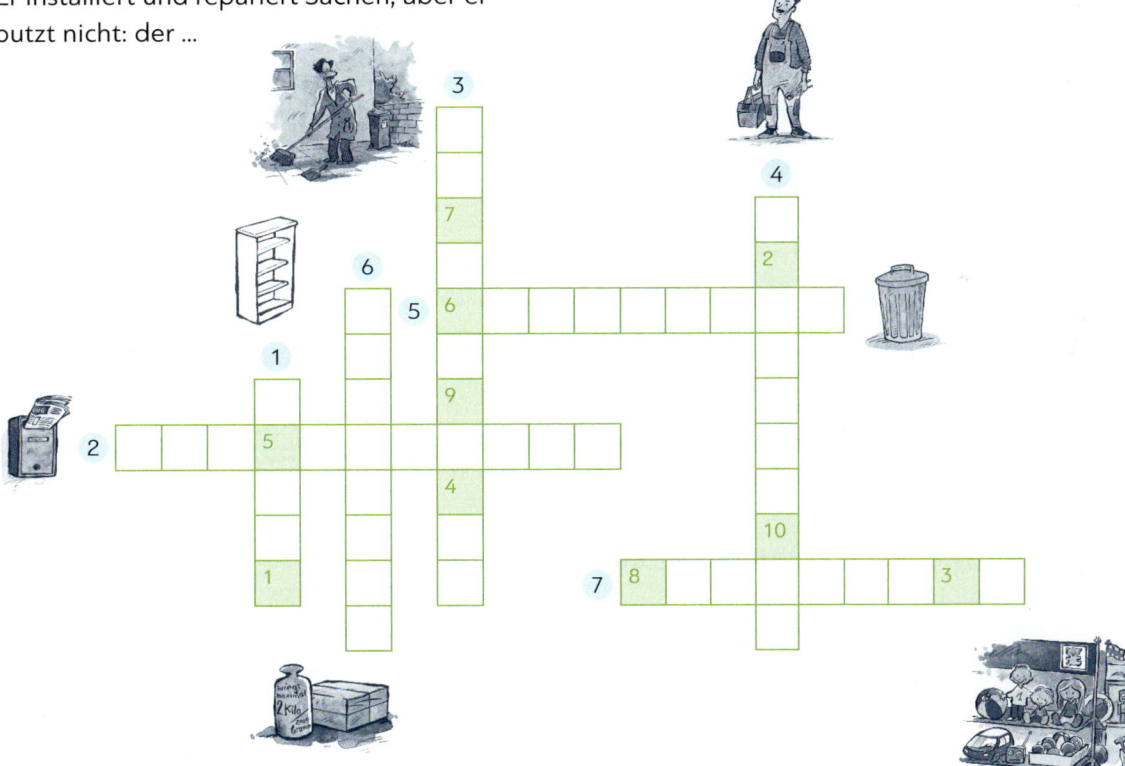

Lösung:
Das stört deutsche Nachbarn am meisten:

....
1   2   3   4   6   7   8   9   10

Lesen und Hören

8 Was ist richtig? Lesen Sie und kreuzen Sie an. .... / 5 Punkte

Danke für den Müll!

Menschen machen Müll. In den Städten ist das oft ein Problem, weil sie den Müll einfach auf die Straße werfen. Die Berliner Stadtreinigung hat immer wieder besondere Ideen, zum Beispiel den Papierkorb-Roboter Reiner. Er ist eine kleine orangefarbene Maschine, so groß wie ein Kind und mit einem Tablett – ein bisschen sieht er wie ein Kellner aus. Reiner fährt im Sommer durch die Straßen von Berlin und bittet die Berliner und die Touristen um Müll: „Habt ihr ein bisschen Müll für mich? Ich bin einer von mehr als 22.000 Papierkörben in der Stadt." Ja, Reiner kann sprechen. Na ja, nicht richtig. Ein Schauspieler spricht für ihn. Mit dem Roboter Reiner macht die Stadtreinigung Werbung für die Benutzung von Papierkörben – denn da gehört der Müll rein.

a Viele Menschen werfen Müll ☒ nicht in Papierkörbe. ○ in Papierkörbe.
b Die Menschen sollen ○ Reiner Müll geben. ○ nicht mit Reiner sprechen.
c Reiner fährt ○ nicht im Sommer ○ nur im Sommer durch Berlin.
d Reiner ist ○ ein Mensch. ○ ein Roboter.
e Reiner ist ○ ein Papierkorb. ○ ein Kellner.
f Die Stadtreinigung hofft: ○ Reiner sammelt große Mengen Müll.
   ○ Die Menschen finden Reiner gut und werfen ihren Müll in Papierkörbe.

LESEN .... / 5 Punkte

🔊 7–12 **9 Richtig oder falsch? Hören Sie und kreuzen Sie an.** .... / 6 Punkte

	richtig	falsch
a Linda soll für den Hausmeister einkaufen und die Sachen in den Kühlschrank stellen.	○	○
b Daniel soll die Küche putzen.	○	○
c Christoph soll eine Freundin anrufen.	○	○
d Alex soll mit dem Hund spazieren gehen.	○	○
e Michael soll einen Brief in den Briefkasten werfen.	○	○
f Lena hat ihr Fahrrad verloren. Jetzt soll Sarah Lena ihr Fahrrad ausleihen.	○	○

HÖREN .... / 6 Punkte

LEKTION 2

Sprechen und Schreiben

10 Was können Sie auch sagen? Schreiben Sie Sätze wie im Beispiel. ____ /8 Punkte

a Gießt du bitte meine Pflanzen?
   Sei doch bitte so nett und gieß meine Pflanzen.
   Könntest du bitte meine Pflanzen gießen?

b Bringst du bitte den Müll runter?
   _____
   _____

c Helfen Sie mir mit den Einkaufstaschen?
   _____
   _____

d Leeren Sie bitte meinen Briefkasten?
   _____
   _____

e Passt ihr bitte auf meine Katze auf?
   _____
   _____

SPRECHEN ____ /8 Punkte

11 Schreiben Sie eine Nachricht an Ihre Mitbewohnerin Tanja. ____ /10 Punkte

Sie sind am Wochenende nicht da, denn Sie fahren nach Heidelberg. Ihr Freund Florian braucht Hilfe beim Umzug. Ihre Mitbewohnerin soll auf Ihren Hund aufpassen und die Pflanzen in Ihrem Zimmer gießen. Heute müssen Sie sehr früh zur Universität. Sie können das Bad nicht mehr putzen. Entschuldigen Sie sich. Bitten Sie Ihre Mitbewohnerin: Sie soll das machen. Danken Sie für die Hilfe, bieten Sie an: Am Montagabend kochen Sie für Ihre Mitbewohnerin.

Hallo Tanja,
ich habe eine Bitte: Am Wochenende _____ ,
denn _____ .
Ich helfe _____ .
Sei doch bitte so nett und _____ .
Und _____ ?
Heute muss ich schon um 8 Uhr an der Universität sein und _____
_____ .
Das tut _____ ! Könntest _____ ?
Tausend Dank _____ !
Ich _____ ,
okay? Viele Grüße

SCHREIBEN ____ /10 Punkte

MEINE PUNKTE					____ /60 Punkte	
☺ 60–55:	☺ 54–49:	☺ 48–43:	😐 42–37:	☹ 36–31:	☹ 30–0:
Super!	Sehr gut!	Gut.	Es geht.	Noch nicht so gut.	Ich übe noch.

13 **LEKTION 2**

Grammatik und Wortschatz

1 Ergänzen Sie in der richtigen Form: *ein-, kein-, welch-*. ___ /8 Punkte

a ◆ Für den Kuchen brauche ich noch Eier. Haben wir noch _welche_ ?
　○ Nein, wir haben _____ mehr.
　◆ Meinst du, Frau Loos hat _____ für mich?
　○ Bestimmt. Sie ist eine sehr nette Nachbarin.
b ◆ Stell dir vor, Peter will sich einen Computer kaufen.
　○ Wirklich? Aber er hat doch schon _____ .
　◆ Richtig. Aber er sagt, _____ ist nicht genug.
c ◆ Ah, da bist du ja, Olli. Hast du mir türkischen Honig mitgebracht?
　○ Nein, tut mir leid. Ich habe _____ bekommen.
d ◆ Mein Lieblingsessen ist Bratwurst. Mittags esse ich fast
　　immer _____ in der Metzgerei.
　○ Das ist aber nicht gesund. Ich esse lieber Äpfel und nehme
　　jeden Tag _____ mit zur Arbeit.
e ◆ Ich gehe jetzt in die Stadt. Tschüs.
　○ Warte mal. Meine Teekanne ist kaputt.
　　Bringst du mir _____ mit?

GRAMMATIK ___ /8 Punkte

2 Wie heißen die Wörter? Ordnen Sie zu. Schreiben Sie auch den Artikel. ___ /12 Punkte

A B C
D E F G
H I L M
J K

Geräte in der Küche　　　Geschirr für das Essen　　　Geschirr für das Kochen
　　　　　　　　　　　　B der Teller

Wortschatz und Lesen

3 Was passt? Kreuzen Sie an. ...... /2 (4 x 0,5) Punkte

a Marie liebt Honigbrötchen. Sie isst fast ☒ immer ○ nie   eins zum Frühstück.
b Silvia findet, gesundes Essen ist wichtig. Sie kocht viel Gemüse und
  nur ○ selten ○ meistens   fette Sachen.
c Sami findet Kuchen lecker. Aber ○ selten ○ manchmal   hat sein Bäcker
  schon um zehn Uhr keinen mehr.
d Benedikt trinkt gern Cola. Leider gibt es zu Hause ○ immer ○ fast nie   Cola.
  Also kauft er sich ○ oft ○ selten   eine am Kiosk.

WORTSCHATZ ...... /14 Punkte

LERNTIPP

Gastronomische Wörter
Für die meisten Menschen ist Essen und Trinken ein interessantes Thema. Möchten Sie mehr Wörter lernen? Hier ein paar Vorschläge:
– Lesen Sie Speisekarten. Dort finden Sie nicht nur viele typisch deutsche Speisen, sondern auch andere interessante Wörter. Was ist zum Beispiel „Strammer Max", was ein „Kinderteller" und welche Fischsorten finden Sie auf der Karte?
– Bitten Sie den Kellner höflich um eine Erklärung. Er hilft Ihnen sicher gern und Sie lernen nicht nur neue Wörter, sondern üben auch das Sprechen.
– Auch im Internet finden Sie Speisekarten. Markieren Sie interessante Wörter und fragen Sie deutsche Freunde, Kollegen oder Ihre Kursleiterin / Ihren Kursleiter nach der Bedeutung.
Viel Spaß!

4 Lesen Sie und korrigieren Sie. ...... /3 Punkte

Die Currywurst

Essen Sie mittags gern eine Currywurst mit Pommes? Dann geht es Ihnen wie vielen Deutschen. In deutschen Kantinen haben Spaghetti, Pizza und Suppe wenig Chance: Die Currywurst ist das Gericht Nummer eins. Mehr als 800 Millionen Currywürste essen die Deutschen jedes Jahr.
Aber seit wann gibt es die Currywurst und wer hat die erste gemacht? Das weiß man nicht so genau. Die Berliner sagen, es war Herta Heuwer. Sie hat 1949 die ersten Currywürste verkauft. Manche Hamburger aber sagen, eine Frau aus Hamburg hat schon 1947 ihre Currywürste angeboten. Sicher ist eins: Überall in Deutschland ist die fette Wurst populär.

a Viele Deutsche essen mittags am liebsten Pizza.
b Fast 800 Millionen Currywürste essen die Deutschen pro Jahr.
c Herta Heuwer hat ~~sicher~~ die erste Currywurst gemacht.   _vielleicht_
d Currywurst isst man nur in Hamburg und Berlin.

Lesen

5 Wohin gehen Sie? Lesen Sie und ordnen Sie zu. .... /4 Punkte

a ③ Sie möchten in der Mittagspause schnell etwas essen.
b ○ Sie möchten essen gehen. Fisch mögen Sie besonders gern.
c ○ Sie möchten deutsche Gerichte kennenlernen.
d ○ Sie suchen einen Job.
e ○ Sie haben Freunde zu Kaffee und Kuchen eingeladen.
   Aber Sie können nicht backen.

1

Gasthaus Fischer

gutbürgerliche deutsche Küche und Spezialitäten aus der Region

Diese Woche: Hausgemachter norddeutscher Apfelkuchen!
Di – So **11–14 Uhr** und **17–22 Uhr**
Gruppen und Busse willkommen!

2

Im Hamburger Zentrum eröffnet zum 1. Juni das Restaurant Meerjungfrau. Dort finden Fisch-Freunde mehr als 50 verschiedene Gerichte. Besonders zu empfehlen: der Krabbencocktail. Auch exotische Ideen aus Afrika und Japan sind dabei.
Leider ist der Spaß nicht ganz billig, das günstigste Gericht kostet fast 24 Euro.
…

3

FÜR DEN KLEINEN HUNGER:

Hot Dog	2,20 Euro
Currywurst	2,00 Euro
Pommes	2,00 Euro
mit Ketchup	2,50 Euro
Fischbrötchen	1,80 Euro
Pizza (Stück)	2,50 Euro

Bei Frida
S-Bahnhof Charlottenburg
Tel. 408907

4

BÄCKEREI KONDITOREI

Heiße Getränke

kleiner Kaffee	1,80 Euro
großer Kaffee	2,80 Euro
Cappuccino	2,50 Euro
Milchkaffee	2,60 Euro
Irish Coffee	3,90 Euro
Tee	1,60 Euro

(schwarz, Pfefferminz, Früchte)
Kuchen und Torten
Bitte wählen Sie aus unserem Angebot an der Theke.
Straßenverkauf! Alle Kuchen auch zum Mitnehmen.

5

Freundliche Kellnerinnen und Kellner
für Eis-Café in Kölner Stadtzentrum gesucht!
Gute Bezahlung!
Mehr Informationen im
Café Venezia, Albertusstr. 58
oder Telefon: 14 58 32 22

LESEN .... /7 Punkte

Hören 3

PAUSE

Ein Gebäck – viele Namen

Das süße Gebäck mit Puderzucker und Marmeladenfüllung kennt jeder in Deutschland, in Österreich und in der Schweiz. Aber überall heißt es anders. Wie?
Gleiche Zahl = Gleicher Buchstabe.

a In großen Teilen Deutschlands und in der Schweiz heißt es
B E R L I N E R .
1 2 3 4 5 6 2 3

b Die Bayern und Österreicher nennen es
__ __ P F __ __ .
10 3 9 7 8 2 6

c In Berlin und Ostdeutschland sagt man
__ __ __ __ __ U C H __ __ .
7 8 9 6 6 10 11 12 13 2 6

d Im Ruhrgebiet kennt man auch den Namen Berliner
__ A __ __ __ .
1 9 4 4 2 6

e In Hessen und Westthüringen sagt man auch
K __ __ __ __ __ .
10 3 2 7 7 2 4

6 Eine Radiosendung .... /10 Punkte

🔊 13 a Was ist das Thema? Kreuzen Sie an.

  ○ „Was machen Sie in der Mittagspause?"   ○ „Wo und was essen Sie zu Mittag?"

🔊 14–18 b Wer isst wo? Hören Sie und verbinden Sie.

1 Manfred — Zu Hause.
2 Elvira   Im Café.
3 Demet   Im Büro.
4 Felix — In der Kantine.
5 Mandy   Im Fast-Food-Restaurant.

🔊 14–18 c Was essen die Leute heute Mittag?
Hören Sie noch einmal und kreuzen Sie an.

1 Manfred isst ○ Nudeln und Soße. ○ ein Fleischgericht.
2 Elvira hat ○ Salat, Obst und Schokolade ○ ein Reisgericht   dabei.
3 Demet kocht ○ Fast Food. ○ Pfannkuchen.
4 Felix kauft ○ einen Hamburger und Pommes. ○ Suppe und Nudeln.
5 Mandy ○ isst ein Sandwich. ○ trinkt eine heiße Schokolade.

HÖREN .... /10 Punkte

Sprechen und Schreiben

7 Wie reagieren Sie? Schreiben Sie eine Antwort. .... / 5 Punkte

a ◆ Soll ich die Schuhe ausziehen? ○ ....
b ◆ Tut mir leid, ich habe gar nichts mitgebracht. ○ ....
c ◆ Darf ich dir noch etwas geben? ○ ....
d ◆ Hier: Die Blumen sind für dich. ○ ....
e ◆ Ich muss jetzt leider gehen. ○ ....

8 Schreiben Sie drei Gespräche im Restaurant. .... / 12 Punkte

Hier bitte. Stimmt so.   Eine Suppe und ein Mineralwasser – das macht 5,40 Euro.
Ja, gern. Kommt sofort.   ~~Haben Sie schon bestellt?~~   Ich nehme die Gemüsesuppe und ein Mineralwasser.
Nein, noch nicht.   Was darf ich Ihnen bringen?   Hier bitte, die Suppe und das Wasser.
Oh, das tut mir leid. Ich bringe Ihnen sofort eine neue.   Aber – die Suppe ist ja kalt.   Danke, sehr nett.
Ich möchte bitte bezahlen.   Vielen Dank und einen schönen Tag noch.

a Bestellen
◇ Haben Sie schon bestellt?   ○ ...
◇ ...   ○ ...
◇ ...

b Reklamieren
◇ ...   ○ ...
◇ ...   ○ ...

c Bezahlen
◇ ...   ○ ...
◇ ...   ○ ...

SPRECHEN .... / 17 Punkte

9 Schreiben Sie eine Nachricht. .... / 4 Punkte

Sie sind bei Ihrem Kollegen Martin zum Abendessen eingeladen.
– Entschuldigen Sie sich, weil Sie zu spät kommen.
– Sagen Sie, warum: Sie haben den Bus verpasst und müssen jetzt 20 Minuten warten.
– Fragen Sie: Können Sie noch etwas einkaufen / mitbringen?
– Sagen Sie, wann Sie (ungefähr) ankommen.

Hallo Martin,

SCHREIBEN .... / 4 Punkte

MEINE PUNKTE						.... / 60 Punkte
	😊	🙂	🙂	😐	☹	😞
	60–55:	54–49:	48–43:	42–37:	36–31:	30–0:
	Super!	Sehr gut!	Gut.	Es geht.	Noch nicht so gut.	Ich übe noch.

LEKTION 3   18

Grammatik und Wortschatz

1 Im Praktikum. Schreiben Sie Sätze mit *wenn*. ___ / 5 Punkte

a Sie – kommen – morgens → Kaffee – zuerst – machen – Sie – bitte
  Wenn Sie morgens kommen, machen Sie bitte zuerst Kaffee.

b Sie – den Kaffee – gekocht haben → bitte – Sie – die Post – öffnen

c mit der Post – Sie – fertig – sein → bitte – helfen – im Sekretariat – Sie

d nichts – zu tun haben – Sie → aufräumen – Sie – bitte – das Büro

e Sie – rauchen – eine Zigarette – wollen → Sie – bitte – rausgehen

f gehen – am Abend – Sie → bitte – mitnehmen – Sie – die Briefe

2 Schreiben Sie die Bitten aus Übung 1 noch einmal mit *sollt-*. ___ / 5 Punkte

a *Zuerst sollten Sie Kaffee machen.*
b *Dann*
c *Dann*
d *Wenn Sie keine Arbeit haben, dann*
e *Für eine Zigarettenpause*
f *Am Abend*

GRAMMATIK ___ / 10 Punkte

3 Was passt? Ordnen Sie zu. ___ / 7 Punkte

Angestellte/r Betrieb Durchschnitt Lohn ~~Materialien~~ Regel Weiterbildung Wahl

AUSBILDUNGSPORTAL
Werde Zahntechniker/-in!

Wenn schöne Zähne für Dich wichtig sind und wenn Du gern mit verschiedenen *Materialien* arbeitest, dann ist eine Ausbildung zum/zur Zahntechniker/-in die richtige _____!
Die Ausbildung dauert 3,5 Jahre: Du arbeitest im _____ und lernst auch in der Schule alles Wichtige über Deinen Beruf.
In diesem Beruf arbeitest Du in der _____ an fünf Tagen pro Woche. Als Zahntechniker/-in bist Du _____ in einer Praxis oder in einem Labor und verdienst im _____ 2100 Euro pro Monat. Wenn Du diesen _____ zu gering findest, musst Du eine _____ zum „Fachwirt" machen. Dann verdienst Du mehr.

Wortschatz und Lesen

4 Was ist richtig? Markieren Sie. ___ /6 Punkte

a Anna arbeitet jede Woche 50 Stunden. Jetzt möchte sie keine
   Überstunden/Teilzeit mehr machen.
b Deutsche Arbeitgeber/Arbeitnehmer haben rund 30 Tage Urlaub pro Jahr.
c Die Entscheidung/Meinung für den richtigen Beruf ist nicht einfach.
d Arbeiter bekommen am Monatsende Lohn/Empfang.
e Wie viel möchten Sie gering/mindestens verdienen?
f Endlich ist der Arbeitstag vorbei und alle haben Feiertag/Feierabend.
g Wir dürfen den Chef nicht stören. Er ist nämlich in einer Besprechung/Bestätigung.

WORTSCHATZ ___ /13 Punkte

5 Lesen Sie die Anzeigen. Welche Anzeige passt zu welcher Situation? Ordnen Sie zu. ___ /5 Punkte

a ② Sie haben ein Geschäft und suchen eine Verkäuferin für 25 Stunden pro Woche.
b ○ Sie suchen einen Job, haben aber nachmittags oft Seminare und können nur am Vormittag arbeiten.
c ○ Ihre Firma braucht Arbeiter. Die Arbeiter müssen Schicht arbeiten.
d ○ Sie sind Arbeiter und suchen eine neue Stelle in Vollzeit.
e ○ Sie möchten ein bisschen Geld verdienen, aber nur am Tag, weil Sie abends eine Weiterbildung machen.
f ○ Sie sind Student und können auch samstags und sonntags arbeiten.

1
Die Firma Elektro ist eines der führenden Unternehmen in der Elektroproduktion. Für die Produktion suchen wir zum 1. Oktober
Mitarbeiter/-innen in Teil- und Vollzeit
mit Bereitschaft zur Schichtarbeit (drei Schichten). Bewerbungen bitte nur telefonisch unter Tel. 985437

2
ERFAHRENE VERKÄUFERIN
sucht Arbeit, gern auch in Teilzeit!
Tel: 0160/282 182

3
WER PUTZT UNSERE PRAXIS?
Arbeitszeit: zweimal in der Woche von 14 – 16 Uhr.
Praxis Dr. Anton Bernau,
Rosenstr. 8, 38102 Braunschweig

4
Arbeiter (mit Führerschein) sucht Stelle ab 1. Oktober! Schichtdienst kein Problem.
Max Angerer
Telefon: 0177/480 22 09

5
Hilfe für die Küche und den Service gesucht! Arbeitszeiten abends und am Wochenende. Bewerbungen bitte an Catering-Service Söhnlein

6
WIR BRAUCHEN IHRE HILFE!
Verkäufer/-in für 20 Stunden pro Woche vormittags in Feinkostladen (Käse, Weine, Schweizer Schokolade) gesucht! Mehr Informationen bei Frau Mühlbauer. Tel. 1378

Lesen

> **LERNTIPP**
>
> **Lange Wörter**
> Viele deutsche Wörter haben zwei Teile, zum Beispiel *die Arbeitszeit, die Stellenanzeige* oder *der Berufsberater*. Es gibt aber auch Wörter mit drei und mehr Teilen. Tipp: Wenn ein Wort viele Teile hat, machen Sie eine Analyse. Viele Wörter können Sie so besser verstehen.
> *das Berufsinformationszentrum = der Beruf + die Information + das Zentrum*
> Beginnen Sie die Analyse mit dem letzten Wort:
> *das Zentrum → Was für ein Zentrum? → Ein Zentrum: Dort bekommt man Informationen.*
> *→ Was für Informationen? → Informationen über Berufe*
> Machen Sie Teile aus
> *das Arbeitszeitkonto =* _____ + _____ + _____
> Schreiben Sie auch eine Erklärung für das Wort:
> _____.

6 Lesen Sie und korrigieren Sie.   ____/7 Punkte

BERUFSPORTRÄT – Zweiradmechatroniker
Nach der Schule haben die meisten aus Davids Klasse ein Studium begonnen. David nicht. Er wollte sein Hobby zum Beruf machen: Fahrräder!

David, von deinem Beruf habe ich noch nie gehört. Was macht ein Zweiradmechatroniker?
Er repariert oder baut „Zweiräder" – also Fahrräder oder Motorräder. Ich habe in einer Fahrradwerkstatt gelernt und bin für Fahrräder ausgebildet.

Warum hast du diesen Beruf gewählt?
Ich bin schon immer gern Fahrrad gefahren. Und mein Opa hat mir gezeigt, wie man Fahrräder repariert. Ich liebe meinen Beruf, weil ich gern mit meinen Händen arbeite. Ein Job im Büro ist nichts für mich. Aber ich repariere Fahrräder nicht nur. Ich verkaufe sie auch. Die Beratung von Kunden macht mir viel Spaß.

Braucht man für ein Fahrrad Beratung? Ein Fahrrad ist ein Fahrrad, oder nicht?
Nein, heute nicht mehr. Es gibt Mountainbikes, Trekking-Fahrräder, City-Fahrräder, E-Bikes … Wenn Sie ein Fahrrad kaufen möchten, sollten Sie überlegen: Welches Fahrrad passt zu mir? Was möchte ich damit machen: mit der Familie einen Ausflug? In die Berge fahren oder täglich 10 Kilometer zur Arbeit? Auch die Preise sind sehr unterschiedlich. Vom billigen Fahrrad für 300 Euro bis zum 4000 Euro teuren High-Tech-Bike ist alles möglich. Für eine Beratung nehmen wir uns viel Zeit, oft 2 Stunden oder mehr. Der Kunde soll das richtige Produkt kaufen.

Und was gefällt dir nicht an deinem Beruf?
Ich mag alle Arbeiten. Aber natürlich ist es ein bisschen langweilig, wenn man den ganzen Tag nur Reifen gewechselt hat. Das passiert leider manchmal.

a David hat nach der Schule ~~studiert.~~   *nicht studiert*
b Als Zweiradmechatroniker repariert er Motorräder.
c Er mag seine Arbeit, denn er arbeitet gern im Büro.
d Die Gespräche mit Kunden mag er nicht.
e Für ein Fahrrad braucht man keine Beratung.
f Ein Fahrrad kostet 300 Euro.
g Eine Beratung dauert eine Stunde.
h David findet es langweilig, wenn er den ganzen Tag Kunden berät.

LESEN ____/12 Punkte

Hören und Sprechen

PAUSE

Rätsel

Wie heißen die Berufe auf den Fotos? Schreiben Sie. Ändern Sie dann die Buchstaben und finden Sie das Lösungswort.

 +

| 1 | 2 | 3 | 4 | 5 | 6 | 7 | | 8 | 9 | 10 | 11 | 12 | 13 | 14 | 15 |

2=E 4̸ 6̸   9̸   12=N 13=D 1̸4̸ 1̸5̸

Lösung: ___ ___ ___ ___ ___ + ___ ___ ___ ___ ___
          1 2 3 5 7   8 10 11 12 13

🔊 19–21 **7 Was ist richtig? Hören Sie und kreuzen Sie an.** ___ /6 Punkte

Gespräch 1: ○ Niemand ist im Haus. ○ Frau Kramer ist noch nicht da.
Herr Haller soll später ○ noch einmal anrufen. ○ zurückrufen.

Gespräch 2: ○ Herr Haller ○ Frau Kramer hat einen Termin.
Frau Kramer soll ○ etwas ausrichten. ○ zurückrufen.

Gespräch 3: Frau Kramer ○ ist nicht in der Firma. ○ hat Mittagspause.
Herr Haller kann Frau Kramer ○ am Nachmittag ○ morgen wieder anrufen.

HÖREN ___ /6 Punkte

8 Welche Reaktion passt? Kreuzen Sie an. ___ /4 Punkte

a ◆ Tut mir leid, Herr Petzold ist noch nicht im Haus.
  ○ Können Sie ihn bitte zurückrufen?
  ○ Können Sie ihm bitte etwas ausrichten?

b ◆ Im Moment ist niemand da, es ist Mittagspause.
  ○ Können Sie später noch einmal anrufen?
  ○ Dann versuche ich es später noch einmal.

c ◆ Ist Frau Czerny schon da?
  ○ Nein, sie ist noch nicht da.
  ○ Es hat jemand für sie angerufen.

d ◆ Kann ich Herrn Petzold etwas ausrichten?
  ○ Ja, er soll mich bitte zurückrufen, wenn er kommt.
  ○ Ja, gern. Seine Durchwahl ist die 345.

9 Schreiben Sie ein Telefongespräch. ___ /7 Punkte

Tut mir leid, Herr Hartl ist heute nicht im Haus.
Nein, tut mir leid. Im Moment sind alle in der Mittagspause.
Ist denn sonst jemand aus der Export-Abteilung da?
~~Firma Brodersen, Heidenreich, guten Tag.~~
Ja, gern. Das ist die 107.
Guten Tag, hier spricht Becker. Können Sie mich bitte mit Herrn Hartl verbinden?
Dann rufe ich später noch einmal an. Können Sie mir die Durchwahl von Herrn Hartl geben?
Vielen Dank. Auf Wiederhören.

◇ *Firma Brodersen, Heidenreich, guten Tag.*

SPRECHEN ___ /11 Punkte

Schreiben

10 Ordnen Sie zu. _____ / 4 (8 x 0,5) Punkte

für Deine Hilfe   meinen Abschied mit Euch feiern   Kolleginnen und Kollegen
auf viele Teilnehmer/innen   wenn Ihr alle kommt   Wenn Sie mitfahren
wenn Du heute Feierabend machst   Mitarbeiterinnen und Mitarbeiter

A E-Mail senden

Liebe _____,
am Freitag ist mein letzter Arbeitstag, denn in wenigen Wochen endet mein Praktikum.
Ich möchte gern _____ und lade
Euch am Freitagnachmittag zu Kaffee und Kuchen in die Küche ein.
Ich freue mich, _____. Sun Siming

B

Liebe _____,   BanzGlobal
wie jeden Sommer wollen wir einen Betriebsausflug organisieren. Dieses Jahr
fahren wir an den Staffelsee. Der Termin ist am 11. Juli.
_____, melden Sie sich bitte im Sekretariat bei Frau Kober an.
Ich freue mich _____.
Dr. Waldemar Heyne-Benz

C E-Mail senden

Hallo Bruno,
kannst Du bitte die Briefe zur Post bringen, _____
_____?
Ich muss heute schon um 16 Uhr gehen, weil ich noch einen Arzttermin habe.
Danke _____.
Laura

11 Wählen Sie eine Situation und schreiben Sie eine Mitteilung. _____ / 4 Punkte

A
Sie sind neu in der Firma. Laden Sie Ihre
Kolleginnen und Kollegen für den
30. August ab 17 Uhr in die Kantine ein.
Sie freuen sich, wenn viele kommen.
Vergessen Sie nicht die Anrede!

B
Sie kommen heute später, denn Sie haben
noch einen Termin beim Arzt. Sie haben aber
um zehn Uhr einen Termin mit einer Kundin.
Schreiben Sie an Ihre Kollegin Frau Claassen.
Sie soll die Kundin, Frau Meinart, anrufen
und einen neuen Termin vereinbaren.

SCHREIBEN _____ /8 Punkte

MEINE PUNKTE						/60 Punkte
	☺	☺	☺	😐	☹	☹
	60–55:	54–49:	48–43:	42–37:	36–31:	30–0:
	Super!	Sehr gut!	Gut.	Es geht.	Noch nicht so gut.	Ich übe noch.

23 LEKTION 4

Grammatik

1 Mit oder ohne *sich*? Schreiben Sie Sätze über Ilija. ___/5 Punkte

a Ilija wäscht sein Auto. (waschen)

d _____ (gesund ernähren)

b _____ (kämmen)

e _____ (ausruhen)

c _____ (umziehen)

f _____ (stellen)

2 Was ist richtig? Kreuzen Sie an. ___/5 Punkte

a Maria liebt Mozarts Musik. Sie interessiert sich auch sehr
   ○ über ☒ für ○ an   sein Leben.
b Kevin hat keine Lust ○ für ○ an ○ auf Gymnastik.
   Er geht lieber joggen.
c Oleg denkt oft ○ an ○ über ○ mit   seine erste Freundin Natascha.
d Larissa freut sich schon sehr ○ um ○ auf ○ mit   ihr Baby.
e Christoph kümmert sich ○ über ○ um ○ von   das Abendessen.
   Seine Frau arbeitet immer sehr lange.
f Florian ärgert sich sehr oft ○ über ○ um ○ für   seine Kollegen.

3 Ergänzen Sie in der richtigen Form. ___/4 (8 x 0,5) Punkte

a ◆ Gestern habe ich eine Stunde _____ Bus gewartet.
   ○ Ärgere dich nicht. Denk _____ Bruder von Ioan.
     Der hat einmal sieben Stunden im Flugzeug gewartet.
b ◆ Stell dir vor, letzte Nacht habe ich von einem Baby geträumt.
   ○ Oh-Oh! Vielleicht bist du schwanger. Erinnerst du dich _____
     Nachbarin von Radka? Sie hat kurze Zeit nach so einem Traum ein Kind bekommen.
c ◆ Kommst du mit ins Kino?
   ○ Tut mir leid, ich habe keine Zeit. Ich bin _____ Freundin verabredet.

LEKTION 5

Grammatik und Wortschatz

4 Ergänzen Sie wo(r)- und da(r)-. /6 Punkte

a ◆ _Woran_ denkst du gerade?
   ○ Ach, an den Deutschtest. Ich ärgere mich so über meine Fehler.
   ◆ _____ musst du dich doch nicht ärgern. Freu dich lieber auf unseren schönen Fußballabend.
   ○ Ja, _____ freue ich mich wirklich. Hoffentlich ist das Spiel interessant.

b ◆ Also, für unsere Grillparty: Ich kaufe die Würstchen. Den Grill bringt Niko mit. Sahra macht einen Salat.
   ○ Aha. Und _____ soll ich mich kümmern?
   ◆ Du kümmerst dich um die Getränke, okay? Und denk an Cola: Du weißt ja, Mick trinkt nur Cola.
   ○ Ja, _____ denke ich bestimmt.

c ◆ Hast du schon mit Melanie über unseren Urlaub gesprochen?
   ○ Nein, _____ haben wir noch nicht gesprochen.
   ◆ So? Und _____ habt ihr dann gestern drei Stunden am Telefon gesprochen?

GRAMMATIK /20 Punkte

5 Was passt? Ergänzen Sie. /4 Punkte

a _das Interesse_ — (sich) interessieren
b die Bewegung — _(sich) bewegen_
c _____ — besuchen
d die Entspannung — _____
e die Ernährung — _____
f _____ — tanzen

6 Ergänzen Sie. /6 Punkte

Wie fit sind die Deutschen?

Paderborn (bn) Die Deutschen _____ (wgebene) sich zu wenig und _____ (änherrne) sich zu fett, wie Untersuchungen immer wieder zeigen. Dabei ist besonders _Bewegung_ (ggunBwee) sehr wichtig. Aber nicht jeder muss ins Fitnessstudio gehen. Experten sagen: Schon kleine Dinge bringen mehr _____ (niFsest) und Gesundheit. Spaziergänge an der frischen _____ (utfL) zum Beispiel. Oder die Treppe _____ (hemnen), nicht den Aufzug. Auch mit dem Fahrrad kann man sich gut fit _____ (ealhtn).

WORTSCHATZ /10 Punkte

LEKTION 5

Lesen

LERNTIPP

Sich besser konzentrieren

Sie wollen neue Wörter üben, aber die Konzentration fehlt? So klappt es bestimmt:
- Machen Sie den Fernseher und das Radio aus.
- Lernen Sie, wenn Sie allein zu Hause sind. Dann haben Sie mehr Ruhe.
- Planen Sie feste und kurze Lernzeiten, zum Beispiel jeden Tag 30 Minuten.
- Essen Sie beim Lernen Obst. Vitamine sind gut für die Konzentration.
- Öffnen Sie immer wieder das Fenster. Frische Luft macht den Kopf frei.

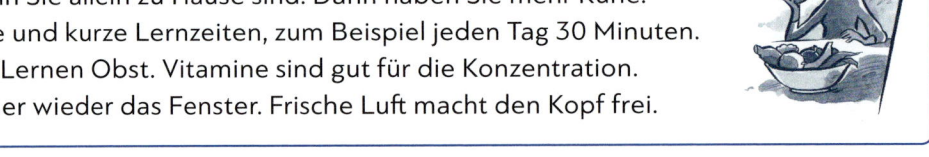

7 Was passt? Ordnen Sie zu. Achtung: Für jeden Text passt nur eine Überschrift. .... /3 Punkte

A Einmal im Monat Sport ist genug B Mit Spielen lernen C Mehr Sport heißt bessere Schüler
D Fünfmal 30 für ein gesundes Leben E Sport macht krank F Sport im Alter

○ Vormittags Schule, nachmittags Hausaufgaben, danach mit Cola und Schokolade vor den Fernseher oder an den Computer – so viel Sitzen ist nicht gut für den Körper: „Wer sich nicht genug bewegt, kann sich nicht so gut konzentrieren und wird schnell müde", wissen Sport-Experten. Auch Computerspiele mit Bewegung sind kein Ersatz für richtigen Sport. Bei diesen Spielen machen die Spieler Tennis- oder Schwimmbewegungen vor einer Kamera. „Aber", so der Sportarzt Jürgen Seifert, „nur wenige Körperteile bewegen sich hier für ein paar Minuten." Sein Tipp: Sport zusammen mit Freunden machen. Das tut nicht nur dem Körper gut, das macht auch mehr Spaß. Und: Wer öfter Sport macht, ist besser in der Schule.

○ Die Generation 65 Plus macht mindestens einmal im Monat Sport. Besonders gern bewegen sich Erwachsene im Alter von 65 und älter an der frischen Luft: Radfahren, Schwimmen, Wandern und Nordic Walking sind beliebt. Aber auch moderne Sportarten testet die Generation ab 65 gern: Inlineskating oder Mountainbiking wollen viele einmal ausprobieren. Wer nicht so sportlich ist, geht ins Schwimmbad. Schwimmen und Wassergymnastik sind für diese Menschen ein guter Anfang. Viele mögen Musik: Tanzen ist oft ein Lieblingssport.

○ Fünfmal pro Woche sollten sich gesunde Erwachsene circa 30 Minuten lang moderat bewegen. Das empfehlen Sportmediziner und Krankenkassen. „Moderat heißt: Man sollte sich beim Training noch unterhalten, also noch sprechen können", erklärt Hanna Wulff von der TSI Krankenkasse. Wer wenig Zeit hat, kann auch dreimal pro Woche intensiv 20 Minuten Sport machen. Wichtig ist außerdem ein kleines Stretchingprogramm mit acht bis zehn verschiedenen Übungen. „Regelmäßige Bewegung reduziert das Risiko für viele Krankheiten", so Wulff.

8 Was ist richtig? Lesen Sie noch einmal und kreuzen Sie an. .... /6 Punkte

a ○ Schüler sitzen zu viel.
b ○ Mit Computerspielen kann man Tennis und Schwimmen lernen.
c ○ Menschen ab 65 interessieren sich oft für neue Sportarten.
d ○ Sportarten in der Natur sind nicht sehr beliebt bei älteren Menschen.
e ○ Gut ist, wenn man beim Sport noch sprechen kann.
f ○ Wenn man sich öfter bewegt, wird man nicht so leicht krank.

LESEN .... /9 Punkte

Hören und Sprechen

PAUSE

🔊 22 Hören Sie und machen Sie mit.

🔊 23–24 **9** Richtig oder falsch? Hören Sie und kreuzen Sie an. ..../7 Punkte

	richtig	falsch
Gespräch 1		
a Christine möchte einen Kletterkurs machen.	☒	○
b Sandra klettert auch gern.	○	○
c Sandra geht nächste Woche wandern.	○	○
d Christine findet Wandern langweilig.	○	○
Gespräch 2		
a Thomas interessiert sich fürs Klettern.	○	○
b Der Kletterkurs ist am Montagabend.	○	○
c Thomas kann beim Kletterkurs mitmachen.	○	○
d Thomas geht mit Sandra wandern.	○	○

HÖREN ..../7 Punkte

🔊 25 **10** Hören Sie die Fragen. Antworten Sie mit: ..../4 Punkte
Ja, sehr. – Ja, eigentlich schon. – Nein, eigentlich nicht. – Nein, überhaupt nicht.

Fußball ist mein Lieblingssport.

a Paul

Gymnastik mache ich ja ganz gern. Aber heute bin ich einfach zu müde.

c Frau Schmidt

Tanzen ist total langweilig. Das ist nur etwas für Mädchen.

b Tommy

Ich lebe gern in der Großstadt. Ein Garten ist mir nicht wichtig.

d Frau Engler

Sprechen und Schreiben

11 Fragen und Antworten. Verbinden Sie. ..../3 Punkte

a Interessieren Sie sich für deutsche Kinofilme? Sehr interessant.
b Wofür interessierst du dich am meisten? Für Liebesfilme.
c Wie findest du deutsche Kinofilme? Dafür interessiere ich mich sogar sehr.
d Hast du heute Abend Lust auf einen Liebesfilm? Nein, eigentlich nicht.

SPRECHEN ..../7 Punkte

12 Schreiben Sie einen Beitrag im Forum. ..../7 Punkte

Sie haben im Internet den Text „Fünfmal 30 für ein gesundes Leben" gelesen (Text auf Seite 26, Übung 7). Sie schreiben einen Beitrag im Forum. Ordnen Sie zu.

Das ist genug Bewegung | ~~Das ist doch klar~~ | Ehrlich gesagt bin ich | freue ich mich auf mein Sofa
ich finde das übertrieben | klappt das nicht | man soll viel Sport machen | wie soll das funktionieren

🧍 FÜNFMAL 30 FÜR EIN GESUNDES LEBEN

Alle sagen immer, _____.
Aber _____.
Denn _____?
Wenn man wie ich 40 Stunden pro Woche arbeitet und
allein lebt, _____.
_____ nach der Arbeit
zu müde. Ich muss ja noch den Haushalt machen.
_____!
Wenn ich die Wohnung aufgeräumt und die Wäsche gewaschen habe,
_____
und ein bisschen Ruhe. Und am Wochenende gehe ich mit
meinem Neffen auf den Spielplatz. *Das ist doch klar*.

SCHREIBEN ..../7 Punkte

MEINE PUNKTE						......../60 Punkte
😍	😊	🙂	😐	🙁	☹️	
60–55:	54–49:	48–43:	42–37:	36–31:	30–0:	
Super!	Sehr gut!	Gut.	Es geht.	Noch nicht so gut.	Ich übe noch.	

LEKTION 5 28

Grammatik

1 20 Jahre später: Was erzählt Irina? Schreiben Sie. ...... / 5 Punkte

Ich will Ärztin werden. (a) Das kann ich aber nur mit einem Universitätsstudium werden. (b) Aber ich darf nicht studieren, weil meine Noten nicht gut genug sind. (c) Ich soll eine Ausbildung machen. (d) Darauf habe ich überhaupt keine Lust. (e) Also muss ich mehr lernen und bessere Noten schreiben. (f)

Irina, 15 Jahre

Ich wollte Ärztin werden. (a)
_____ (b)
_____ (c)
_____ (d)
_____ (e)
_____ (f)
Und das hat geklappt. Heute bin ich Ärztin.

Irina, heute

2 Was denkt Maria? Schreiben Sie die Sätze mit *dass*. ...... / 5 Punkte

a Nicht jeder Mensch kann schwimmen oder Fahrrad fahren.
   Es ist traurig, dass nicht jeder Mensch schwimmen
   oder Fahrrad fahren kann.

b Jedes Kind muss schwimmen lernen.
   Maria findet, _____

c Ein Schulabschluss und eine gute Ausbildung sind wichtig.
   Sie denkt, _____

d Auch Mädchen sollten sich mehr für Mathematik und Physik interessieren.
   Sie glaubt, _____

e Viel mehr Mädchen als Jungen bestehen jedes Jahr die Abiturprüfung.
   Sie weiß, _____

f Kinder sollten ihre Interessen herausfinden.
   Sie meint, _____

GRAMMATIK ...... / 10 Punkte

Wortschatz

3 Markieren Sie noch fünf Wörter und ordnen Sie zu. ___ /5 Punkte

IM**MUSIK**EORKUNSTEEGEOGRAFIELAGESCHICHTEUNPHYSIKMIBIOLOGIER

a In _____ lernen die Schüler etwas über Pflanzen.
b In _____ zeichnen und malen die Schüler Bilder.
c In _____ lernen die Schüler viel über Länder, Berge, Wetter, …
d In _____ erfahren die Schüler etwas über Energie und Elektronik.
e In _____ spricht der Lehrer über frühere Zeiten,
   zum Beispiel die Jahre 1933 bis 1945.
f In _Musik_ üben die Schüler Singen und spielen Instrumente.

4 Was passt? Ordnen Sie zu. ___ /5 Punkte

halten werden studieren gehen arbeiten ~~machen~~

a an der Universität _____
b eine Ausbildung _machen_
c ein Referat _____
d als Schneiderin _____
e Mechatroniker _____
f zur Schule _____

5 Lesen Sie und ordnen Sie zu. ___ /6 Punkte

bestanden beworben Abschluss ~~Noten~~ Realschule Theorie faul

> **Traumberuf Krankenhausclown**
> Als Kind und Jugendlicher habe ich geglaubt, dass Arzt der passende Beruf für mich ist. Denn ich wollte schon immer anderen helfen. Meine _Noten_ waren aber ziemlich schlecht. Bei meinen Lehrern und Mitschülern war ich beliebt, weil ich so lustig war. Nach der _____ habe ich eine Ausbildung zum Krankenpfleger begonnen. Die Arbeit mit den Patienten hat mir viel Spaß gemacht, aber die ganze _____ war schrecklich. Ich war nicht _____, aber ich habe die Prüfungen am Ende nicht _____. Ich war sehr traurig. Dann ist ein Clown zu den Kindern ins Krankenhaus gekommen und mir war klar: Das ist es! Ich habe mich informiert und erfahren, dass Krankenhaus-Clown seit 2009 ein richtiger Beruf ist. Sofort habe ich mich für die Ausbildung _____ und nach drei Jahren meinen _____ gemacht. Seit vier Jahren arbeite ich jetzt als Krankenhaus-Clown – es ist mein Traumberuf.

WORTSCHATZ ___ /16 Punkte

> **LERNTIPP**
>
> **Wortakzent - Teil 1**
> Bei deutschen Wörtern ist es wichtig, dass man den richtigen Vokal (a, e, i, o, u) betont.
> Notieren Sie Wörter immer mit dem Wortakzent.
>   die N**o**te = „o" betonen und lang sprechen
>   das Abit**u**r = „u" betonen und lang sprechen
>   die Kr**i**ppe = „i" betonen, aber kurz sprechen
>   der Erf**o**lg = „o" betonen, aber kurz sprechen
> Fangen Sie gleich an und notieren Sie alle Lernwörter aus der Lektion mit dem Wortakzent. Sprechen Sie die Wörter laut.
>
> _die Note ..._

Lesen

6 Welcher Kurs passt? Ordnen Sie zu.   /8 Punkte

a ○ Sie möchten sich auf einen neuen Job bewerben.
b ○ Sie besuchen einen Deutschkurs für Frauen und möchten jetzt auch gern den Umgang mit dem Computer lernen.
c ○ Sie arbeiten in einer internationalen Firma und müssen oft auf Deutsch telefonieren und schreiben. Sie sprechen schon gut Deutsch.
d ○ Sie haben die Schule beendet, wissen aber noch nicht, was Sie werden wollen.
e ○ Ihre Freundin Tang Sijia möchte vormittags Deutsch lernen. Sie kann schon ein bisschen Deutsch.
f ○ Sie interessieren sich für einen Computerkurs. Sie haben schon ein bisschen Erfahrung.
g ○ Sie haben eine Einladung zum Vorstellungsgespräch bekommen.
h ○ Sie möchten einen Schulabschluss machen.
i ① Sie möchten sich auf eine Deutsch-Prüfung vorbereiten.

---

1 Testtraining „Deutschtest für A2"
Hier können Sie alle Prüfungsteile kennenlernen und trainieren mit mehreren Modelltests die Prüfungssituation.
Mi 18.30 – 20.00 Uhr
Beginn: Mi, 4.2. // 10 – 15 TN

2 Deutsch für den Beruf
Mit deutschen Firmen per E-Mail und Telefon kommunizieren, das eigene Unternehmen präsentieren und Verhandlungen führen – das alles lernen Sie in diesem Kurs. Voraussetzung: gute Deutschkenntnisse.
Di 20.00 – 21.00 Uhr
Beginn: 3.2. // 8 – 12 TN

3 Intensivkurs Deutsch für leicht Fortgeschrittene
Verbessern Sie Ihre Sprachkenntnisse! In diesem Kurs wiederholen Sie Grammatik und Vokabeln. Am Ende sind Sie fit für alle Deutsch-Prüfungen auf dem Niveau A2. Voraussetzung: A1-Kenntnisse
Mo – Do 9.00 – 12.15 Uhr
Beginn: 2.2. // 10 – 16 TN

4 Prüfungstraining Quali (Qualifizierender Hauptschulabschluss)
Kurs für Jugendliche und junge Erwachsene ohne Schulabschluss
Mo – Fr 8.00 – 16.00 Uhr
Beginn: 2.2.

5 Jung und modern: Start-ups und innovative Unternehmen präsentieren sich
Viele Firmen bieten jungen Menschen interessante Ausbildungsmöglichkeiten, zum Beispiel in der Medizintechnik, in der Robotik oder als Programmierer. Lernen Sie zehn junge Unternehmen kennen am:
Sa, 7.2., 10 – 18 Uhr

6 Informationsabend Bewerbung
Initiativbewerbung, Kurzbewerbung, Bewerbung per E-Mail oder Post? Was ist wann am besten? Wie sollte eine gute Bewerbung aussehen? Was muss man im Vorstellungsgespräch sagen, was nicht? Das alles erfahren Sie an diesem Abend.
Fr., 6.2, 18.00 – 20.00 Uhr

7 Bewerbungstraining
Angst vor Vorstellungsgesprächen? Kein Problem! Kommunikationsexperte Fritz Obermann zeigt, wie es richtig geht. Mit vielen Beispielen aus der Praxis und mit Rollenspielen. Machen Sie mit!
Sa, 21.2., 9.00 – 16.30 Uhr // 10 – 12 TN

8 Computerkurs – Teil 2
Sie können den Computer benutzen. Aber Sie sind schnell unsicher. Dann ist dieser Kurs genau richtig für Sie. Hier lernen Sie den sicheren Umgang mit allen wichtigen Programmen.
Do 18.00 – 20.30 Uhr,
Beginn: 19.2. // 8 – 12 TN

9 Computerkurs für Frauen
Zu unseren Deutschkursen für Frauen bieten wir jetzt auch eine Einführung in den PC an.
Mi 13.30 – 15.00 Uhr
Beginn: 11.2. // 8 – 12 TN

LESEN   /8 Punkte

Hören und Sprechen

7 Traumberufe .... /7 Punkte

🔊 26–29 **a** Was wollten die Personen früher werden? Hören Sie und ordnen Sie zu.

Person	Traumberuf
1 Jenny	F
2 Turhan	
3 Mia	
4 Olli	

 Polizist/in
 Lehrer/in
 Klavierspieler/in
 Tischler/in
 Fußballspieler/in
 Naturfotograf/in

🔊 26–29 **b** Was sind die Personen von Beruf? Hören Sie noch einmal und ergänzen Sie.

1 Jenny arbeitet als _____ . 3 Mia ist _____ .
2 Turhan verdient sein Geld im _____ . 4 Olli arbeitet als _____ .

HÖREN .... /7 Punkte

PAUSE

🔊 30–32 Hören Sie und sprechen Sie nach. Sprechen Sie schneller und schneller.

1 Fischers Fritz fischt frische Fische. Frische Fische fischt Fischers Fritz.

2 Vier Vampire trafen sich bei Vollmond vor einem Vulkan.

3 Wir Wiener Waschweiber würden weiße Wäsche waschen, wenn wir wüssten, wo warmes Wasser ist.

8 Ein Interview: Verbinden Sie die Fragen und Antworten. .... /7 Punkte

a ◆ Was wolltest du als Kind werden?
b ◆ Was waren deine Lieblingsfächer?
c ◆ Und welches Fach war schwierig für dich?
d ◆ Was machst du heute beruflich?
e ◆ Ist das dein Traumberuf?
f ◆ Warum nicht?
g ◆ Oh! Und was hast du dann gemacht?
h ◆ Was gefällt dir heute an deinem Beruf?

1 ○ Ich habe eigentlich Sprachen studiert. Aber ich habe nach dem Studium keine Stelle gefunden.
2 ○ Mit acht habe ich mich für Tiere interessiert. Später war Schauspielerin mein Traumberuf.
3 ○ Es ist schön, dass ich oft Kontakt zu Menschen habe.
4 ○ Ich bin Fremdsprachenassistentin.
5 ○ Am besten haben mir Französisch und Musik gefallen.
6 ○ Ich habe eine Ausbildung zur Fremdsprachenassistentin begonnen.
7 ○ Geschichte habe ich gehasst.
8 ○ Ich glaube nicht, dass es mein Traumberuf ist.

Sprechen und Schreiben

9 Was sagen Sie? Ordnen Sie zu und sprechen Sie den Text. Hören Sie dann und vergleichen Sie. ...... /6 Punkte

a Das geht ja. Und wann kann ich mich dafür anmelden?   b Prima. Dann bedanke ich mich für Ihre Hilfe.
c Mein Bruder hat mir ein paar Dinge gezeigt, aber eigentlich bin ich Anfänger.
d Ich interessiere mich für einen Computerkurs.   e Ja, der Termin passt gut. Was kostet der Kurs denn?
f Ah ja, danke. – Eine Frage noch: Was muss ich in den Kurs mitbringen?

◆ Guten Tag, was kann ich für Sie tun?
◆ Haben Sie denn schon PC-Kenntnisse?
◆ Dann kann ich Ihnen unseren Einführungskurs donnerstags von 18 bis 19 Uhr anbieten.
◆ 89 Euro.
◆ Das können Sie jetzt sofort machen. Hier: das Anmeldeformular.
◆ Nur Schreibzeug, alles andere bekommen Sie vom Kursleiter.
◆ Bitte, gern. Auf Wiedersehen und viel Erfolg im Kurs!

SPRECHEN ...... /13 Punkte

10 Ergänzen Sie das Formular. ...... /6 Punkte

Fabio Rosetti hat 2017 in seiner Heimat Italien Abitur gemacht und studiert jetzt an der Universität La Sapienza in Rom Elektrotechnik. Er möchte ein erstes Praktikum bei einem deutschen Autounternehmen machen. Neben seiner Muttersprache spricht er sehr gut Englisch und ein bisschen Deutsch. Er bewirbt sich über das Internet.

Persönliche Daten
Anrede: ☒ Herr ○ Frau
Vorname: Fabio
Familienname: Rosetti
Geburtsdatum: 4.2.1998
Geburtsort: Palermo
Geburtsland: A

Berufserfahrung und Praktika
Haben Sie schon Berufserfahrung? ○ Ja ☒ Nein
Haben Sie bereits Praktika gemacht? ○ Ja Wo? _____ ○ Nein E

Qualifikationen
Sprachkenntnisse: F
Computerkenntnisse: Office-Programme (sehr gut), Programmierung (wenig)

Schule/Ausbildung/Studium
Schulabschluss: B
Abschlussjahr: C
Studium
Beginn: Oktober 2017
Universität: La Sapienza/Rom
Studienfach: D

SCHREIBEN ...... /6 Punkte

MEINE PUNKTE					...... /60 Punkte	
☺	☺	☺	😐	☹	☹	
60–55:	54–49:	48–43:	42–37:	36–31:	30–0:	
Super!	Sehr gut!	Gut.	Es geht.	Noch nicht so gut.	Ich übe noch.	

Grammatik und Wortschatz

1 Ergänzen Sie in der richtigen Form. ___/8 Punkte

a Tut mir leid, Michi. Ich kann _dir_ (du) kein Geld geben. Ich habe alles _meiner_ (meine) Schwester geliehen.
b Gehören die Katzen _____ (ihr)? Ihr dürft _____ (sie) doch kein Eis geben! Das ist nicht gut für Katzen.
c Was soll ich _____ (dein) Vater zu Weihnachten schenken? Ich habe keine Idee.
d Ich wollte _____ (die) Kundin eine Hose verkaufen. Aber sie war mit nichts zufrieden.
e Und denk daran, dass du _____ (die) Kindern etwas aus Berlin mitbringst. Sie freuen sich immer so über Geschenke.
f Ich habe _____ (mein) Freund eine tolle Hose gezeigt. Aber sie hat _____ (er) nicht gefallen.
g Das Auto vor Ihrer Garage? Das gehört _____ (der) Mann aus dem dritten Stock.

2 Was ist richtig? Kreuzen Sie an. ___/6 Punkte

a ◆ Eier, Butter, Zucker – jetzt brauche ich das Mehl!
  ○ Moment, ich hole ☒ es dir. ○ dir es.
b ◆ Haben Sie die Post mitgebracht, Frau Koch?
  ○ Ja. Ich habe ○ Ihnen sie ○ sie Ihnen auf den Schreibtisch gelegt.
c ◆ Und? Hast du den Gästen aus Hamburg ihr Zimmer gezeigt?
  ○ Ja, ja. Ich habe ○ es ihnen ○ es sie gezeigt.
d ◆ Wie ist denn das neue Museum? Sollte man sich das ansehen?
  ○ Unbedingt. Ich kann ○ ihm euch ○ es euch nur empfehlen.
e ◆ Moritz sagt, er versteht die Mathehausaufgabe nicht.
  ○ Kein Problem. Ich kann ○ sie ihn ○ sie ihm erklären.
f ◆ Siehst du das Glas Marmelade dort? Könntest du ○ es mir ○ es mich geben?
g ◆ Das Auto gefällt mir total gut. Wenn ich mal viel Geld habe, kaufe ich ○ es mich. ○ es mir.

GRAMMATIK ___/14 Punkte

3 Wie heißen die Wörter? Schreiben Sie. ___/6 Punkte

a _das Parfüm_
b _____
c _____
d _____
e _____
f _____
g _____

LEKTION 7

Wortschatz

4 Welche Wörter passen zum Thema „Hochzeit"? Markieren Sie wie im Beispiel.

.... /4 (8 x 0,5) Punkte

die Trauung · die Kinderbetreuung · die Braut · die Konzertkarte · die Grillparty · die Nudel · die Kirche · die Geburtstagskarte  · die Torte · tanzen · das Geschenk · das Rezept · der Brautwalzer · die SMS · die Heimat · der Bräutigam · der Ehering

5 Was passt? Verbinden Sie.

.... /5 Punkte

a das Essen
b Produkte
c Geld
d Texte
e ein Fest
f ein Geschenk selbst

1 basteln
2 probieren
3 ausdrucken
4 vorbereiten
5 ausgeben
6 liefern

WORTSCHATZ .... /15 Punkte

LERNTIPP

Motivation mit Geschenken
Setzen Sie sich Ziele. Zum Beispiel: Sie möchten alle Lernwörter von Lektion 7 können? Üben Sie die Wörter! Wenn Sie alle Wörter wissen, dann schenken Sie sich selbst etwas.
Dann haben Sie sicher wieder mehr Lust auf das Lernen.

Lesen

6 Lesen Sie die Sätze (a bis i). Wo steht das im Text? Lesen Sie den Text. Ordnen Sie dann zu und markieren Sie wie im Beispiel.

_____ /8 Punkte

a Eine deutsche Hochzeit findet meistens mit der Familie statt.
b Das Hochzeitspaar darf nicht selbst entscheiden, wen es einlädt.
c Auf einer Hochzeit haben nur die Gäste Spaß, das Brautpaar kann sich meistens nur an wenig erinnern.
d Daniela und Peter glauben, dass sie sich immer an ihre Hochzeit erinnern.
e Einmal in der Woche gibt es im Leuchtturm Hochzeiten.
f Sören wollte in einem Ballon fahren.
g In einem Ballon ist nur wenig Platz.
h Die Trauung von Jana und Sören war im Ballon.
i Im Leuchtturm war kein Platz für Gäste.

Hochzeit ohne Gäste?

(a) **Auf dem Standesamt, in der Kirche und mit einem großen Familienfest – so heiraten deutsche Paare immer noch am liebsten.** Anderen ist das zu langweilig. Sie wünschen sich eine ganz besondere Hochzeit. Wir präsentieren zwei ganz besondere Hochzeitsorte.

Daniela und Peter N. wollten „ihren" Tag am liebsten ganz allein feiern – ohne großes Fest.
5 „Bei Freunden haben wir gesehen, wie eine große Hochzeit ist: Die Gäste feiern, aber Braut und Bräutigam haben Stress. Sie haben von der eigenen Hochzeit fast nichts. Uns war aber wichtig, dass wir uns immer an unsere Hochzeit erinnern. Es sollte wirklich ein besonderer Tag sein." Also hat das Paar aus Süddeutschland nach einem speziellen Hochzeitsort gesucht. Eine Hochzeit an der Nordsee – das war die Lösung. „Wir lieben beide das Meer! Ich habe
10 im Internet gelesen, dass man auf der Insel Wangerooge heiraten kann", erzählt Daniela. Jeden Freitag finden dort auf dem Leuchtturm Trauungen statt. Im Sommer reiste das Paar auf die Insel und feierte eine Hochzeit zu zweit. „Das Turmzimmer war sehr klein", sagt Peter. Nur der Mann vom Standesamt, die Fotografin und das Hochzeitspaar hatten
15 darin Platz. „Es war wunderschön und etwas ganz Besonderes. Nur die Treppe im Turm war für mein Kleid nicht so ideal. Sie ist nämlich ziemlich schmal", meint Daniela. Das Paar ist sich sicher, dass ihm diese Hochzeit immer in Erinnerung bleibt. „Die Trauung im Leuchtturm, das Mittagessen am Meer, der Ausflug am Strand – es hat so viele schöne Momente gegeben."

20 Für einen anderen Weg haben sich Jana und Sören B. aus Frankfurt am Main entschieden. Für sie war eine Hochzeit mit Familie keine gute Idee. „Die Einladungsliste war ein Problem: Muss man Tante Elli einladen? Darf der Lieblingsonkel kommen? Man kann eigentlich nicht die Leute einladen, die man will. Das alles hat uns nicht gefallen." Sören hat schon immer davon geträumt, in einem
25 Heißluftballon zu fahren. Könnte man im Ballon auch heiraten? Das junge Paar hat sich im Internet über die Möglichkeit informiert. „Wir haben mehrere Angebote gefunden", sagt Jana. „So haben wir vor zwei Jahren in einem Ballon _Ja_ gesagt."
Und was haben die Verwandten dazu gesagt? „Unser Glück war,
30 dass im Ballon kein Platz für Hochzeitsgäste war", freut sich das Paar.

LESEN _____ /8 Punkte

Hören und Sprechen

7 Wer bekommt was? Hören Sie und ordnen Sie zu.
Achtung: Nicht alle Wörter passen.

.../6 Punkte

- Computerspiel • DVD
- Flamenco-Rock • Flamenco-Kurs
- Gutschein für Musiker • Reise
- Gutschein für Theaterkarten • Pralinen
- ~~Reiseführer~~ • Kaffeemaschine

a Philipps Eltern: _ein Reiseführer und_
b Sein Bruder: _____
c Seine Schwester: _____
d Katrins Schwester: _____
e Ihre Oma: _____
f Ihre Mutter: _____

HÖREN ..../6 Punkte

8 Eine Party organisieren. Ordnen Sie zu.

.../9 Punkte

Ist das so wichtig | Muss das sein | Und was sollen wir dir schenken | ~~Wie möchtest du denn feiern~~
Mir ist aber wichtig | Und wie viele Gäste willst du einladen | Ich finde | Wo soll das Fest stattfinden
Hauptsache | Man kann doch kein Geld zum Geburtstag schenken

◆ In sechs Wochen ist mein Geburtstag. Den will ich richtig feiern.
○ _Wie möchtest du denn feiern_ (a)?
◆ Am liebsten mit einer Tanzparty. Ich tanze doch so gern.
○ _____ (b)?
◆ Alle meine Freunde – und natürlich meine Schwestern.
○ _____ (c)? Deine Schwestern und unsere Freunde – das passt nicht zusammen.
◆ _____ (d), dass alle kommen.
○ Okay, einverstanden. _____ (e)?
◆ Wir feiern bei uns zu Hause. Im Wohnzimmer ist genug Platz.
○ Was soll es zu essen geben?
◆ _____ (f)? _____ (g), es sind genug Getränke da. Vielleicht könntest du einen Salat machen?
○ Klar, mache ich. Sollen wir das Wohnzimmer ein bisschen schön machen?
◆ _____ (h), wir müssen den Raum nicht dekorieren. Darauf habe ich keine Lust.
○ Okay. _____ (i)?
◆ Ich wünsche mir nichts. ... Aber ein bisschen Geld kann ich immer brauchen.
○ _____ (j)!
◆ Warum nicht? Das ist besser als langweilige DVDs und Büchergutscheine.

SPRECHEN ..../9 Punkte

37 LEKTION 7

Schreiben

PAUSE

Die erste Zeit nach der Hochzeit ist für das junge Ehepaar eine besondere Zeit. Oft macht das Paar dann auch eine Reise. Wie heißt diese Reise? Folgen Sie der Linie von Start bis Ziel, dann haben Sie das Lösungswort.

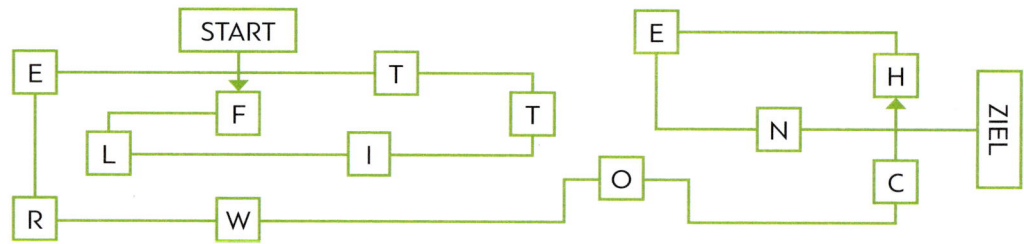

Lösung:
Das junge Ehepaar ist in den ___ ___ ___ ___ ___ ___ .

9 Schreiben Sie die E-Mail neu. Beginnen Sie mit den Wörtern am Rand. ___/8 Punkte

> **E-Mail senden**
>
> Lieber Lucas,
> ich war auf der Hochzeit von Britta und João. Es war wirklich eine sehr schöne Hochzeit.
> Die Trauung war in der Kirche. Es hat sehr lange gedauert. Britta und João haben die Ringe getauscht. Eine Fotografin hat das Brautpaar und alle Gäste fotografiert.
> Das Brautpaar und alle anderen sind zum Restaurant „Schöner Blick" gefahren. Die Feier war sehr schön. Das Hochzeitsessen war sehr lecker.
> Brittas Vater hat eine Rede gehalten. Die war sehr lustig und wir haben alle sehr gelacht.
> Wir haben einen Spaziergang gemacht. Wir haben ein paar typische Hochzeitsspiele gespielt.
> Wir haben getanzt. Die ganze Nacht!
> Schade, dass Du nicht dabei warst.
> Viele Grüße

~~am Wochenende~~

Zuerst   Dann endlich

Nach der Trauung

Dann

Beim Kaffee

Nach dem Essen   Später

Am Ende

*Lieber Lucas,
am Wochenende war ich auf der Hochzeit von Britta und João. Es war wirklich eine sehr schöne Hochzeit. ...*

SCHREIBEN ___/8 Punkte

MEINE PUNKTE						___/60 Punkte
☺	☺	☺	😐	☹	☹	
60–55:	54–49:	48–43:	42–37:	36–31:	30–0:	
Super!	Sehr gut!	Gut.	Es geht.	Noch nicht so gut.	Ich übe noch.	

LEKTION 7   38

Grammatik

1 Schreiben Sie Sätze mit *trotzdem*. ..... /5 Punkte

a Lotta – für eine Prüfung – lernen – müssen | abends – tanzen – gehen

Lotta muss für eine Prüfung lernen.
Trotzdem geht sie abends tanzen.

b Otto – nach der Arbeit müde – sein | lange – fernsehen

c der Rock – zu groß – sein | Lena – ihn – haben – wollen

d Frau Keil – wenig Geld – haben | von einem neuen Mantel – träumen

e Nina – immer sehr lange – arbeiten | abends – Sport – machen – wollen

f der Pullover – sehr gut – ihm – passen | er – Markus – nicht – gefallen

2 Wunsch oder Vorschlag? ..... /5 Punkte
Ergänzen Sie *könnte-* oder *würde-* in der richtigen Form.

a ◆ Mir ist so langweilig. Was soll ich denn nur machen?
 ○ Du _könntest_ zu unserer alten Nachbarin gehen. Sie freut sich bestimmt über Besuch.

b ◆ Wie wäre es mit einem Ausflug? Zum Beispiel in den Spreewald?
 ○ Ach nein, ich _____ lieber zu Hause bleiben.

c ◆ Wir _____ am Wochenende eine Wanderung machen. Hast du Lust?
 ○ Gute Idee. Wohin gehen wir?

d ◆ Was schenken wir Max zum Geburtstag?
 ○ Er _____ gern Italienisch lernen. Wir _____ ihm einen Gutschein für einen Italienischkurs schenken.

e ◆ Du, ich habe ein nettes Mädchen kennengelernt. Am Wochenende wollen wir zusammen etwas unternehmen. Aber ich weiß nicht, was.
 ○ Ihr _____ zusammen ein Eis essen.

GRAMMATIK ..... /10 Punkte

Wortschatz

3 Markieren Sie noch acht Wörter und ordnen Sie zu. ..../8 Punkte

OBAUFTRETENENAUSGEHENÜMFLOHMARKTDTEINVERSTANDENVIUL
KÜNSTLERNEIL**OPER**RAGEMEINSAMVERVORSCHLAGEUNTERNEHMENNX

a
- ◆ Endlich Wochenende! Was wollen wir _____?
- ○ Wir könnten in die _Oper_ gehen. Ich habe gehört, dass dort im Moment Opernsänger aus Italien _____.
- ◆ Das ist ein guter _____. Und am Sonntag gehen wir auf den _____, ja? Ich suche alte Gläser.

b
- ◆ Ich würde heute Abend gern _____. Hast du auch Lust?
- ○ Ja, warum nicht. In Neustadt findet ein Straßenfest statt. Es gibt viele _____ zu sehen. Wir könnten _____ hingehen. Was meinst du?
- ◆ _____.

4 Was können Sie wo am Wochenende machen? Ordnen Sie zu. ..../6 (12 x 0,5) Punkte

eine Rundfahrt machen | eine Wanderung machen | Freunde zum Kaffeetrinken einladen | den Haushalt machen | ins Museum gehen | eine Radtour machen | Karten spielen | auf den Flohmarkt gehen | eine DVD ansehen | ~~einem Vortrag zuhören~~ | an einen See fahren | Klavier spielen | in die Disco gehen

in der Natur	in der Stadt	zu Hause
	einem Vortrag zuhören	

WORTSCHATZ ..../14 Punkte

LERNTIPP

Der Wortakzent – Teil 2

Erinnern Sie sich: Bei deutschen Wörtern ist der Wortakzent wichtig (siehe Seite 30).
So können Sie den Wortakzent üben:
– Summen, brummen oder klatschen Sie die Wörter, zum Beispiel „Fotografie":
   hm – hm – hm – HM
– Sprechen Sie die Wörter laut und leise, schnell und langsam.
   Achten Sie dabei immer auf die korrekte Betonung, also auf den Wortakzent.

Lesen

5 Ein Tag in Wien. Machen Sie einen Plan für Saif.
Was macht er wann? Was kann er nicht machen? Ergänzen Sie.

___ /6 Punkte

Saif verbringt im Oktober ein Wochenende in Wien. Er möchte viel unternehmen. Er möchte:
– auf dem Naschmarkt spazieren gehen und einkaufen.
– auf das Dach vom Stephansdom steigen.
– ein Stück Sachertorte probieren.
– ins Museum gehen.
– ein Theaterstück sehen.
– mit dem Riesenrad fahren.
– in eine Disco gehen.

Burgtheater
Möchten Sie selbst Theater spielen? Das Burgtheater bietet Workshops, Theaterwerkstatt und offenes Theatertraining für alle an. Zum Beispiel: offenes Theatertraining, dienstags, 17 Uhr (kostenlos!)
Aktuelles: Shakespeare-Wochen im Burgtheater:
Di 9.10. 18.30 – 21.00 Uhr   Romeo und Julia
Mi 10.10. 19.00 – 21.45 Uhr   König Lear
Do 11.10. 20.00 – 22.30 Uhr   Romeo und Julia
Fr 12.10. 18.00 – 22.30 Uhr   König Lear
Sa 13.10. 18.00 – 22.30 Uhr   König Lear
So 14.10. 15.00 – 17.30 Uhr   Romeo und Julia
Straßenbahn D, 1, 71 Rathausplatz

Café Sacher
täglich 8.00 – 24.00 Uhr, warme Küche bis 23.30 Uhr
Philharmonikerstr. 4
U1, U2, U4 Karlsplatz

Museum
10.00 – 18.00 Uhr, donnerstags 10.00 – 21.00 Uhr, dienstags geschlossen; Achtung: 01.10. – 10.11. wegen Reparatur der großen Treppe geschlossen!
U2 Museumsquartier, U3 Volkstheater

Naschmarkt
Größter und schönster Lebensmittelmarkt Wiens!
Mo – Fr 6.00 – 19.30 Uhr, Sa 6.00 – 18.00 Uhr
U1, U2, U4 Station Karlsplatz
oder U4 Kettenbrückengasse

Vergnügungspark Prater – Spaß in Wien mit Riesenrad
im Oktober täglich von 10.00 bis 21.45 Uhr geöffnet
Straßenbahn 6, 5
S-Bahn 1 – 3, 7, 15, U1, U2 Praterstern

Nachtleben am „Gürtel"
Besuchen Sie die Clubs und Musiklokale unter der U-Bahn U6 zwischen den Stationen Thalia- und Nussdorfer Straße. Die meisten Clubs öffnen um 19.00 oder 20.00 Uhr – Live-Shows und Tanz bis spät in die Nacht!

Stephansdom
Diese Kirche ist *das* Symbol für Wien!
Montag bis Samstag 06.00 – 22.00 Uhr
Sonn- und Feiertag 07.00 – 22.00 Uhr
Führungen, Konzerte, Kunst und Kultur!
Abendführungen mit Dachrundgang:
Juli bis September: Sa 19.00 Uhr
Treffpunkt: Südturm (Kasse)
U1, U3 Stephansplatz

Samstag
8 Uhr	
15 Uhr	
18 Uhr	Abendessen im Hotel
20 Uhr	

Sonntag
11 Uhr	Check-out Hotel
13 Uhr	Café Sacher: Sachertorte
15 – 17.30 Uhr	
20 Uhr	Rückflug nach Hause
nicht möglich ☹	

LESEN ___ /6 Punkte

Hören und Sprechen

🔊 35–39 **6** Wann finden die Veranstaltungen statt? Hören Sie und ergänzen Sie. ___ /8 Punkte

    a Eistanz: Tag: _____   Uhrzeit: _____
    b Fußballspiel: Tag: _____   Uhrzeit: _____
    c Puppentheater: Tage: _____   Uhrzeit: _____
    d Tag der offenen Tür: Tag: _____   Uhrzeit: *11.00 – 22.00*
    e Fotos aus Afrika: Tage: *täglich*   Uhrzeit: _____

🔊 35–39 **7** Hören Sie noch einmal und kreuzen Sie an: richtig oder falsch? ___ /4 Punkte

		richtig	falsch
a	Die Eistänzer sind nur einen Abend in Garmisch.	☒	○
b	Es gibt noch viele Karten für das Fußballspiel.	○	○
c	Das Puppentheater „Die kleine Hexe" kann man den ganzen November sehen.	○	○
d	Am Tag der offenen Tür kann man sich für einen Malkurs anmelden.	○	○
e	Die Fotos sind nicht besonders gut.	○	○

HÖREN ___ /12 Punkte

8 Ergänzen Sie die Gespräche. ___ /6 Punkte

> Also, ich würde lieber einen lustigen Film sehen.   Weil ich morgen mit Thomas verabredet bin.   ~~Wir könnten mal wieder essen gehen. Hast du Lust?~~   Einverstanden.   Klar. Warum nicht? Wie wäre es am Freitag?   Ja, gern. Wann soll ich dich abholen?   Tut mir leid. Das geht leider nicht.

a ◆ Was wollen wir am Samstagabend machen? Hast du eine Idee?
   ○ *Wir könnten mal wieder essen gehen. Hast du Lust?*
   ◆ Warum nicht? In das griechische Restaurant im Zentrum?
   ○ _____
   ◆ Sagen wir um sechs.

b ◆ Wollen wir zusammen ins Kino gehen?
   ○ _____
   ◆ Freitag ist gut. Im IMAX kommt „Toni Erdmann".
   ○ _____
   ◆ Dann vielleicht „Vier gegen die Bank"? Das ist eine Krimikomödie.
   ○ _____

c ◆ Mario und ich gehen morgen auf den Flohmarkt. Du könntest mitkommen, wenn du willst.
   ○ _____
   ◆ Warum denn nicht?
   ○ _____
   ◆ Das ist kein Problem. Du kannst ihn doch mitbringen.

Sprechen und Schreiben

9 Sprechen Sie und machen Sie Vorschläge. .... / 4 Punkte

So ein Mistwetter! Ist das langweilig heute. Was soll ich nur machen?

Du könntest …

a einen Kuchen backen
b ein Buch lesen
c mit mir Karten spielen
d mit deiner Freundin telefonieren

SPRECHEN .... /10 Punkte

PAUSE

Was Deutsche in ihrer Freizeit nur selten tun.

Die besonders beliebten Freizeitaktivitäten sind bekannt: Fernsehen, Musik hören oder im Internet surfen. Aber wissen Sie, was die meisten Deutschen nur selten tun? Verbinden Sie und vergleichen Sie dann mit der Lösung auf Seite 76.

1 etwas mit Freunden unternehmen   25 %
2 ins Fitnessstudio gehen   32%
3 joggen   27%
4 ein Buch lesen   11 %
5 selbst Musik machen   16%
6 mit Kindern spielen   10%

10 Schreiben Sie eine Nachricht. .... /8 Punkte

  – Sie möchten etwas mit Ihrem Freund Mario unternehmen.
  – Nennen Sie einen Termin.
  – Machen Sie zwei Vorschläge (einen für gutes Wetter und einen für schlechtes Wetter).
  – Fragen Sie Mario: Wie findet er Ihre Vorschläge?
  – Bieten Sie an: Sie holen Mario zu Hause ab.
  – Bitten Sie um Antwort.
  – Vergessen Sie Anrede und Gruß nicht.

*Hallo Mario, ich würde …
am …*

SCHREIBEN .... /8 Punkte

MEINE PUNKTE						.... /60 Punkte
☺ 60–55:	☺ 54–49:	☺ 48–43:	😐 42–37:	☹ 36–31:	☹ 30–0:	
Super!	Sehr gut!	Gut.	Es geht.	Noch nicht so gut.	Ich übe noch.	

Grammatik und Wortschatz

1 Was ist richtig? Kreuzen Sie an. ___ / 5 Punkte

a Maria geht auf den Flohmarkt. Sie sucht eine ☒ schöne ○ schönen ○ schönes Lampe.
b Leo kauft nur im Supermarkt ein. Dort ist die Qualität sehr ○ gute. ○ guter. ○ gut.
c Silvia kauft nur in ○ günstig ○ günstigen ○ günstiges Geschäften ein.
d Simon isst am liebsten Bratwurst. Die kauft er an dem
  ○ kleiner ○ kleinen ○ klein Kiosk am Bahnhof.
e Franziska wünscht sich zu Weihnachten einen ○ neuer ○ neuem ○ neuen Mantel.
f Ich möchte für meine Wohnung noch ein
  ○ interessantes ○ interessante ○ interessanten Bild kaufen.

2 Ergänzen Sie. ___ / 7 Punkte

Kommen Sie und schauen Sie: Hier bekommen Sie Top-Qualität zu einem
sehr günstig_en_ Preis. Wie wäre es zum Beispiel mit einer praktisch_____
Schüssel für nur drei Euro? Oder vielleicht brauchen Sie ein neu_____ Feuerzeug?
Sie können zwischen zehn verschieden_____ Farben wählen. Haben Sie Kinder?
Dann ist ein bunt_____ Saftglas doch eine schön_____ Idee, oder? In keinem
Geschäft bekommen Sie so viele verschieden_____ Produkte wie hier bei mir.
Und bei jedem Kauf ab 10 Euro gibt es einen hübsch_____ Kugelschreiber dazu!

3 gut – besser – am besten: Was sagt Tatjana? Ergänzen Sie. ___ / 12 Punkte

a Also, die Musik von Beethoven gefällt mir ja ganz gut. Aber Haydn
  finde ich _besser_ . Und _am besten_ gefällt mir Mozart.
b Deutschland ist groß. Aber Europa ist _____.
  Und meine Heimat Russland ist _____.
c Ich kümmere mich gern um Jugendliche. Aber noch _____
  spiele ich mit Kindern. Und _____ kümmere ich mich um Babys.
d Die Wohnung von meinem neuen Freund Sebastian ist schön.
  Meine Wohnung ist _____.
  Aber _____ ist das Haus von meinen Eltern.
e Gymnastik macht viel Spaß. Gymnastik mit Musik macht _____ Spaß.
  Und _____ Spaß macht Gymnastik zusammen mit Freunden.
f Englisch ist einfach, finde ich. Aber Deutsch ist für mich _____,
  weil meine Mutter Deutsche ist. Und _____ finde ich Russisch.
g Eine Lampe vom Flohmarkt ist teuer. Aber im Geschäft ist sie noch _____.
  Und _____ ist sie wahrscheinlich von einem Designer.

GRAMMATIK ___ / 24 Punkte

4 Was passt nicht? Streichen Sie. ___ / 2 (4 x 0,5) Punkte

a das Holz – das Metall – das Glas – ~~die Tischdecke~~
b der Koffer – der Rucksack – der Teppich – die Tasche
c das Nahrungsmittel – der Pudding – das Eis – die Torte
d der Hut – der Bikini – der Mantel – der Stoff
e die Kerze – die Platte – der Kerzenständer – das Feuerzeug

LEKTION 9   44

Wortschatz

5 Ergänzen Sie das passende Material.   ___ /5 Punkte

a Diesen Schrank kann ich Ihnen sehr empfehlen.
   Das H o l z hat eine sehr gute Qualität.
b Du solltest Wasser nicht in Flaschen aus __l_____ kaufen.
   Es ist besser für die Umwelt, wenn du _____s kaufst.
c Legst du bitte ____ ie __ in den Drucker? Danke für deine Hilfe.
d Zieh doch den roten Rock an. Er ist aus einem sehr guten ___t____ .
e Dieses Besteck gefällt mir nicht. Das ___ t ____ sieht billig aus.

6 Ordnen Sie zu.   ___ /3 (6 x 0,5) Punkte

scheußlich praktisch bunt hübsch spannend wertvoll ~~langweilig~~

a ◆ Schau mal, die Puppe, ist sie nicht _____!
   ○ Ja, die gefällt Clara bestimmt.
b ◆ Du, ich lese einen Krimi. Der ist wirklich _____.
   ○ Ja? Ich finde Krimis oft _langweilig_.
c ◆ Der Koffer hier ist wirklich _____. Hier passen alle meine Sachen rein.
d ◆ Wie findest du das Kleid?
   ○ Ist das nicht zu _____? Nimm lieber das schwarze.
e ◆ Oh, die Kerzen sind ja schön!
   ○ Schön? Nein, die sind _____.
f ◆ Deine Kette ist sehr schön. Ist sie _____?
   ○ Ja und nein. Ich glaube, sie war nicht sehr teuer. Aber es war die Kette von meiner Oma.
     Deshalb ist die Kette sehr wichtig für mich.

WORTSCHATZ ___ /10 Punkte

LERNTIPP

Der Vokabelfalter

1 Nehmen Sie ein Blatt Papier und schreiben Sie ganz links die deutschen Lernwörter auf.
2 Schreiben Sie die Wörter in Ihrer Sprache neben die deutschen Lernwörter.
3 Falten Sie die deutschen Wörter nach hinten: Sie sehen nur noch die Wörter
   in Ihrer Sprache.
4 Schreiben Sie jetzt wieder die deutschen Wörter rechts daneben.
5 Falten Sie die Wörter in Ihrer Sprache nach hinten: Sie sehen nun wieder
   nur die deutschen Wörter.
6 Schreiben Sie die Wörter in Ihrer Sprache daneben ...
   und so weiter, bis das Papier voll ist.

der Hut	šešir	der Hut	šešir
die Kerze	svijeća	die Kerze	svijeća
das Besteck	pribor za jelo	das Besteck	pribor za jelo

Lesen

7 Wer sagt das? Lesen Sie und ordnen Sie zu. _____ /7 Punkte

Konsum in Deutschland – Sparen wir zu viel?

Die Händler sind nicht zufrieden: „Die Leute wollen alles immer billiger haben", meinen sie. Ist es wirklich so, dass den Leuten Qualität nicht wichtig ist? Wollen sie kein Geld ausgeben? Wir haben unsere Leser gefragt. Hier ihre Antworten:

Magda Schneider, Verkäuferin
Was heißt da: alles immer billiger haben wollen?! Es wird doch alles immer teurer! Miete, Versicherungen, Auto, Telefon. Man hat jeden Monat so hohe Kosten. Sehen Sie sich nur die Preise für Nahrungsmittel an: Die Preise steigen ständig. Aber was soll man machen? Brot ohne Butter und Käse essen, oder wie? Als alleinerziehende Mutter habe ich keine Wahl: Meine Kinder müssen gut essen und brauchen Kleidung. Für Extras wie eine Urlaubsreise oder einen neuen Mantel für mich bleibt da einfach kein Geld mehr.

Rudolf Settele, Arbeiter
Ich war fast zwei Jahre arbeitslos. In dieser Zeit ist es mir natürlich nicht gut gegangen, aber eigentlich auch nicht schlecht. Meine Familie hat mir sehr geholfen und gesund war ich auch. Das ist doch am wichtigsten. Jetzt habe ich wieder Arbeit und da kaufe ich mir natürlich schon manchmal etwas Besonderes. Erst letzte Woche habe ich mir einen Flachbildschirm gekauft. Den habe ich mir schon lange gewünscht.

Heike Köster, Angestellte
Eigentlich verdiene ich genug, aber Sparen ist für mich ein Hobby. Meine Kleidung bestelle ich im Internet, Lebensmittel kaufe ich nur im Supermarkt. Ich achte sehr auf Sonderangebote. Manchmal bezahle ich auch gar nichts: Weil ich bei einer Bank eine Kreditkarte bestellt habe, habe ich eine Uhr geschenkt bekommen. Ich habe auch eine Bonuskarte: Jedes Mal, wenn ich im Kaufhaus einkaufe, bekomme ich Punkte für meinen Einkauf. Wenn ich genug Punkte gesammelt habe, bekomme ich Geld zurück oder ich darf ein Produkt kostenlos mitnehmen.

Thorsten Kowalski, Pilot
Es stimmt nicht, dass alles teurer wird. Viele Dinge werden sogar immer billiger. Kleidung und Lebensmittel sind in vielen Ländern Europas teurer als in Deutschland. Wir denken nur, dass alles so teuer ist. Der Grund ist unsere Mentalität: Wir achten nur auf den Preis. Engländern ist ein guter Service wichtiger, Franzosen wollen gute Qualität. Ich kaufe gern im Ausland ein. Dort macht es einfach mehr Spaß als in Deutschland.

a Weil ich jetzt Arbeit habe, habe ich mir endlich einen Bildschirm gekauft.   *Rudolf Settele*
b Lebensmittel sind in Deutschland günstig.
c Die Preise steigen.
d Einkaufen macht in Deutschland keinen Spaß.
e Ich habe genug Geld. Trotzdem achte ich auf den Preis.
f Nicht für alle Produkte muss ich etwas bezahlen.
g Gesundheit und Familie sind wichtiger als ein Job.
h Manche Dinge muss man kaufen, auch wenn sie viel kosten.

LESEN _____ /7 Punkte

Hören 9

PAUSE

Lösen Sie das Rätsel.

So oft wie niemand sonst in Europa kaufen die Deutschen in diesem Geschäft ein. Wie heißt dieses Geschäft und was kann man dort kaufen? Lösen Sie das Rätsel.

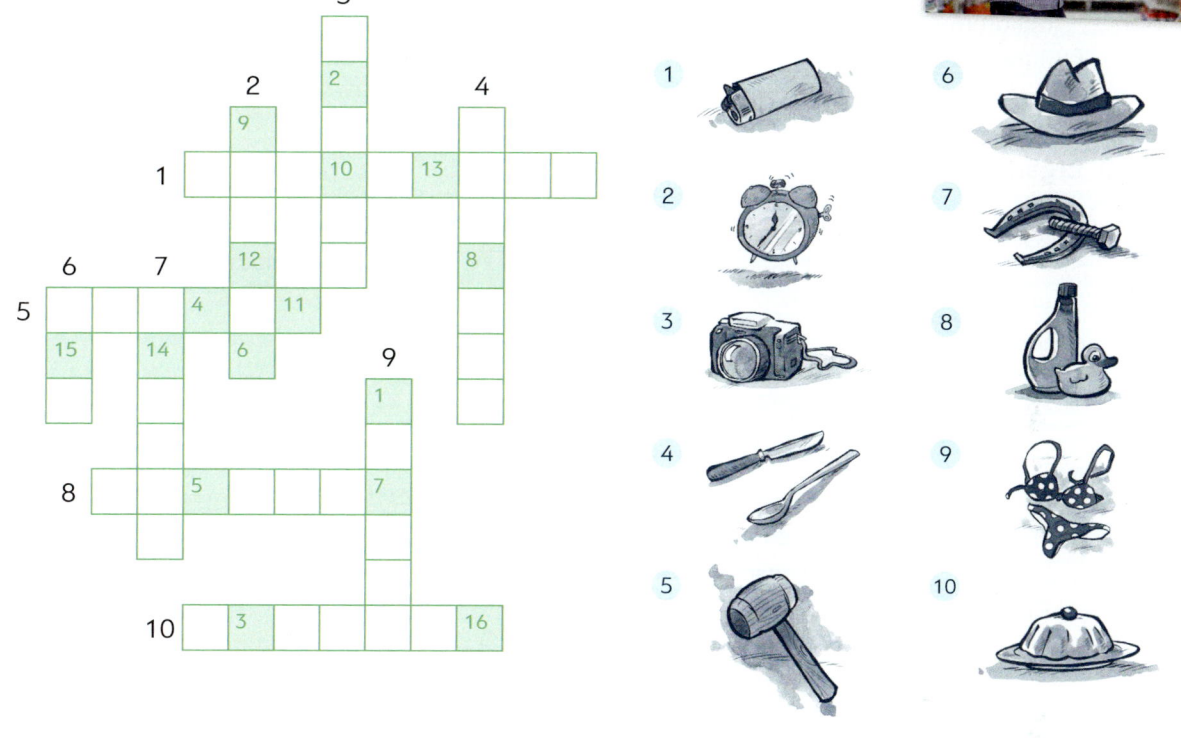

Im _____ kann man _____, Geräte, Farben … kaufen.
    1 2 3 4 5 6 7 8   9 10 11 12 13 14 15 16

🔊 41–45 **8 Was ist richtig? Hören Sie und kreuzen Sie an.**   _____ / 5 Punkte

a Was können die Kunden gewinnen?
   ○ 50 Euro.
   ○ Gutscheine.
   ○ Geschirr.

b Wofür hat Harry Faber Tipps?
   ○ Für billige und gute Restaurants.
   ○ Für eine Radtour.
   ○ Für Kochrezepte.

c Worüber informiert Ralf Schönherr?
   ○ Über das Kaufen und Verkaufen im Internet.
   ○ Über Einkaufstipps.
   ○ Über freie Plätze in Volkshochschulkursen.

d Wann haben die Geschäfte am Sonntag geöffnet?
   ○ Den ganzen Tag.
   ○ Am Vormittag.
   ○ Am Nachmittag.

e Warum kaufen die Deutschen mehr ein?
   ○ Mehr Menschen haben einen Arbeitsplatz.
   ○ Das Angebot in den Geschäften ist besser.
   ○ Die Preise sind nicht mehr so hoch.

HÖREN _____ / 5 Punkte

47 LEKTION 9

Sprechen und Schreiben

9 Welche Antwort passt? Verbinden Sie. _____ / 5 Punkte

a Wie gefällt dir das Handy?
b Guck mal, das Tablet sieht toll aus.
c Wie wichtig ist dir dein Handy?
d Für ein gutes Tablet gebe ich gern viel Geld aus.
e Diese Kamera habe ich von meinem Opa bekommen.
f Zum Fotografieren ist ein kleines Handy praktischer als eine große Kamera.

1 Also, ich weiß nicht.
2 Wirklich? Mir sind elektronische Geräte nicht wichtig.
3 Hm, findest du?
4 Sie sieht alt aus. Funktioniert sie noch?
5 Na ja, geht so.
6 Sehr wichtig. Ohne mein Handy kann ich nicht leben.

10 Ergänzen Sie. _____ / 4 Punkte

◆ Was schenken wir Iveta zum Geburtstag? Ich habe von ihr einen tollen Hut _geschenkt bekommen_ (a) und meine, dass wir ihr auch etwas schenken sollten.

○ Sie mag doch Klaviermusik. Ich s____ g_____ (b), wir kaufen ihr eine Eintrittskarte für ein Konzert in Hamburg.

◆ Was? Die Karten sind viel zu teuer. So viel G____ k____ ich nicht ____ g____ b____ (c). Iveta geht g____ n____ s____ g____ ins Kino ____ (d) in ein Konzert. Wir könnten ihr einen Kinogutschein schenken.

○ B_____ d___ s___ ch____ (e)? Ich glaube, dass sie lieber ins Theater geht. Wir kaufen ihr einen Gutschein fürs Theater.

◆ Einverstanden.

SPRECHEN _____ / 9 Punkte

11 Schreiben Sie den Beitrag im Forum. _____ / 5 Punkte

Deshalb mag ich die Kette jetzt so gern   ist mir sehr wichtig   Am Anfang hat sie mir nicht gefallen
Meine Schwester hat sie mir vor drei Jahren zum Abschied geschenkt.   Mein Lieblingsgegenstand
~~und trage sie jeden Tag.~~

WELCHER GEGENSTAND IST EUCH WICHTIG?

_____ ist meine Kette. _____
_____, weil sie nicht sehr modern ist. Aber sie _____,
weil sie mich an meine Schwester erinnert. _____
_____ Sie wohnt jetzt in den USA – ziemlich weit weg.
_____ _und trage sie jeden Tag_.

SCHREIBEN _____ / 5 Punkte

MEINE PUNKTE						_____ / 60 Punkte
	☺ 60–55:	☺ 54–49:	☺ 48–43:	😐 42–37:	☹ 36–31:	☹ 30–0:
	Super!	Sehr gut!	Gut.	Es geht.	Noch nicht so gut.	Ich übe noch.

LEKTION 9   48

Grammatik

1 Ergänzen Sie in der richtigen Form. ...... /5 Punkte

a Welche Bluse steht mir besser? Die _rote_ (rot) oder die _grüne_ (grün)?

b Tina kauft im _____ (neu) Supermarkt an der Ecke ein.

c Darf ich dir die _____ (neu) Software zeigen, Harald?

d Wie findest du die _____ (kurz) Kette da hinten?

e Heute habe ich den _____ (alt) Drucker von meiner Tante zur Reparatur gebracht.

f Der Pullover mit den _____ (weiß) Streifen ist doch am schönsten, oder? Soll ich den heute Abend anziehen?

2 Ergänzen Sie in der richtigen Form. ...... /7 Punkte

a ◆ Tut mir leid, Sie müssen einen _____ (neu) Ausweis beantragen. Ihr _alter_ (alt) Ausweis ist nicht mehr gültig.
   ○ Oh, das habe ich nicht gewusst. Was mache ich denn jetzt?
   ◆ Sie müssen das _____ (grau) Formular hier ausfüllen.

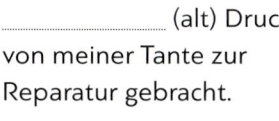

b ◆ Möchtet ihr noch etwas von der selbst _____ (gemacht) Pizza?
   ○ Ja, gern.
   ■ Für mich bitte das _____ (klein) Stück in der Ecke. Ich bin eigentlich schon satt.

c ◆ Ich nehme diese Puppe.
   ○ Eine sehr _____ (schön) Puppe!
   ◆ Sie ist ein Geschenk für meine Nichte.
   ○ Ah, soll ich sie verpacken? Welches Geschenkpapier möchten Sie denn? Das _____ (gelb) oder das mit den _____ (rot) Streifen?

49 LEKTION 10

Grammatik und Wortschatz

3 Was ist richtig? Kreuzen Sie an. ___/4 Punkte

a ◆ ☒ Welchen ○ Was für einen Pullover soll ich anziehen?
   Den roten oder den blauen?
b ◆ ○ Welches ○ Was für ein Handy hast du dir gekauft?
   ○ Ein Outdoor-Handy.
c ◆ ○ Welche ○ Was für Bücher liest du gern? ○ Krimis.
d ◆ Und? ○ Welche ○ Was für eine Wohnung habt ihr
   jetzt gemietet? ○ Die in der Schillerstraße.
e ◆ ○ Welches ○ Was für ein Formular brauche ich da?
   ○ Das Formular CN 22.

> Auf Fragen mit *welch-* antwortet man meistens mit *der / das / die* …
> Auf Fragen mit *was für ein* antwortet man meistens mit *ein / eine /* …

4 Was wird hier gemacht? Schreiben Sie. ___/5 Punkte

a Beate kopiert die Briefe.
   Die Briefe werden kopiert.

b Beate beantwortet die E-Mails.
   Die E-Mails _____

c Beate holt den Kunden ab.
   Der Kunde _____

d Karin schreibt die Briefe, Martin verpackt die Geschenke.
   Die Briefe _____
   Die Geschenke _____

e Der Busfahrer repariert den Bus.
   Der Bus _____

GRAMMATIK ___/21 Punkte

LERNTIPP

Spielerisch lernen
Schreiben Sie neue deutsche Wörter auf kleine Zettel. Auf die Rückseite schreiben Sie die Bedeutung in Ihrer Sprache. Legen Sie die Zettel mit der Bedeutung in Ihrer Sprache nach oben auf den Tisch. Wenn Sie das Wort auf Deutsch nennen können, dürfen Sie den Zettel nehmen. Wenn die Antwort falsch war, bleibt der Zettel liegen. Das Spiel ist zu Ende, wenn kein Zettel mehr auf dem Tisch liegt. Übrigens: Sie können das Spiel auch mit Freunden spielen.

5 Ordnen Sie zu und ergänzen Sie *un-*. ___/4 Punkte

~~zuverlässig~~ pünktlich interessant zufrieden ordentlich

a Mein Kollege Patrice macht nie seine Aufgaben. Er ist sehr *unzuverlässig*.
b Dieses Buch habe ich nicht bis zum Ende gelesen. Es war wirklich _____.
c Räum bitte dein Zimmer auf! Warum bist du so _____?
d Olga ärgert sich oft über ihre Kollegen. Sie ist sehr _____ im Job.
e Ich warte jetzt seit einer halben Stunde auf dich. Immer bist du _____.

LEKTION 10

Wortschatz

6 Ergänzen Sie das Gegenteil. Nicht immer passt *un-*. ...... /3 (6 x 0,5) Punkte

a höflich _unhöflich_
b langweilig _interessant_
c praktisch ....
d freundlich ....
e schlecht ....
f hässlich ....
g falsch ....
h gesund ....

7 Was passt nicht? Kreuzen Sie an. ...... /5 Punkte

a ○ die Post ☒ soziale Netzwerke ○ Bananen   transportieren
b ○ das Paket ○ wiegen ○ verschicken ○ verwenden
c ○ eine Postkarte ○ eine E-Mail ○ einen Briefumschlag   schreiben
d ○ Briefmarken ○ leeren ○ brauchen ○ kaufen
e ○ ein Päckchen ○ zur Post bringen ○ abholen ○ ausfüllen
f ○ ein Gespräch ○ eine Radiosendung ○ das Mobiltelefon   beenden

8 Ergänzen Sie die Tiere. ...... /4 Punkte

a Welches Tier ist in Deutschland am beliebtesten? Es ist die _K a t z e_.
b Die E .... schwimmen auf dem See.
c E ...... f .... leben in Afrika und in Asien.
d In unserem Garten gibt es viele V .... l.
e Wer liebt Honig über alles? – Natürlich der B ....!

WORTSCHATZ ...... /16 Punkte

PAUSE

Was bedeutet das? Lesen Sie und verbinden Sie.

a Du hast ja einen Vogel.
b Du hast ein Gedächtnis wie ein Elefant.
c Du bist ein harter Hund.
d Du bist eine lahme Ente.

1 Du bist sehr streng (mit dir selbst und/oder mit anderen).
2 Du bist sehr langsam / ohne Energie.
3 Du erinnerst dich wirklich sehr lange an alles (Negative).
4 Du bist nicht ganz normal.

Lesen und Hören

9 Lesen Sie und kreuzen Sie an. _____ / 6 Punkte

Kinder im Internet – Eltern in Sorge

Kinder und Jugendliche sind immer online: Schon jedes zweite Kind zwischen 6 und 11 Jahren hat ein Handy. Für Jugendliche zwischen 12 und 19 Jahren ist ein Mobiltelefon total normal: 95 Prozent haben eins. Experten sehen aber Probleme in der ständigen Nutzung von Smartphones.

Die kennt auch Marie (17) aus Wiesbaden: „Viele schreiben eine Nachricht, auch wenn der andere im selben Zimmer sitzt." Die Handy-Rechnungen von Jugendlichen sind oft sehr hoch. Der Grund: Die Handys haben heute sehr viele Funktionen: mit den Freunden chatten, Fotos verschicken und im Internet surfen – kein Problem für ein Smartphone. Und auch Spiele sind sehr beliebt. Diese sind zuerst kostenlos. Wenn man aber besser und schneller sein will als die Mitspieler, muss man teure Extras kaufen. Für Kinder empfehlen Experten Prepaid-Karten. Damit haben Eltern die Kontrolle über die Kosten und die Kinder lernen den Umgang mit Geld. Denn sie können nur so lange im Internet surfen, wie Geld auf der Karte ist. Spezielle Angebote für Kinder sind keine Alternative, weil die Preise per Megabit oft besonders hoch sind. Anders sieht die Sache bei Jugendlichen aus. Sie nutzen ihr Handy intensiv für den Kontakt mit Freunden: „500 Nachrichten im Monat sind es bestimmt", meint Marie. Viele Anbieter haben Internet- und Telefonpakete und günstige Gebühren für Jugendliche im Angebot. Außerdem können Eltern teure Service-Telefonnummern und bestimmte Webseiten sperren lassen. Das bedeutet, dass die Jugendlichen diese nicht nutzen können. So bleiben die Kosten unter Kontrolle. Auch bei Marie: „Ich kann nur kostenlose Spiele spielen und manche Webseiten sind für mich gesperrt. Aber ich kann mich immer mit meinen Freundinnen in den sozialen Netzwerken unterhalten – und das ist mir wichtig."

		richtig	falsch
a	50 Prozent der Kinder bis 11 Jahre hat ein eigenes Handy.	☒	○
b	Jugendliche wünschen sich ein teures Handy mit vielen Funktionen.	○	○
c	Handy-Spiele kosten am Anfang nichts.	○	○
d	Spezielle Angebote für Kinder sind oft am günstigsten.	○	○
e	Jugendliche verschicken viele Nachrichten.	○	○
f	Die Eltern möchten nicht, dass die Jugendlichen teure Spiele auf ihrem Smartphone spielen.	○	○
g	Für Jugendliche ist das Smartphone wichtig für die Kommuniktion.	○	○

LESEN _____ / 6 Punkte

🔊 46–50 **10** Nachrichten auf der Mailbox. Hören Sie und ergänzen Sie die Notizen. _____ / 5 Punkte

A Tanja: _____ mitbringen

B Leo: treffen _____ im Fitnessstudio

C Autohaus Melzer: Bernhardt Lingor anrufen. Telefon: _____

D Sprachschule Einstufungstest Deutsch, Termin: _____

E Blumenladen _____ abholen

HÖREN _____ / 5 Punkte

Sprechen und Schreiben 10

🔊 51 **11 Entschuldigungen. Hören Sie und reagieren Sie.** ..... /4 Punkte

a kommen – mein Zug Verspätung haben
b zur Post fahren – meine Monatskarte vergessen
c Briefmarken kaufen – nicht genug Geld dabeihaben
d dir eine SMS schicken – deine Handynummer nicht mehr finden

Ich wollte ja, aber …

SPRECHEN ..... /4 Punkte

12 Eine Entschuldigung per Nachricht ..... /8 Punkte

a Ordnen Sie die Nachricht.

> Hallo Nina,
> ○ Ich habe mein Handy nicht mehr gefunden und es drei Tage lang gesucht.
> ○ Leider kann ich nicht kommen, weil ich am Samstag zum Fußballspiel Bayern – Barcelona möchte.
> ○ So habe ich erst jetzt Deine Nachricht auf meiner Mailbox gehört.
> ○ Das Spiel ist mir sehr wichtig.
> ① _entschuldige_, dass ich mich erst heute melde.
> ○ Ich hoffe, Du bist nicht sauer.
>
> Viele Grüße
> Philipp

b Ordnen Sie nun die fehlenden Sätze in **a** zu.

| Ich melde mich wieder. | Danke für Deine Einladung zur Grillparty. |
| Es ist hinter das Sofa gefallen! | ~~entschuldige~~ |

SCHREIBEN ..... /8 Punkte

MEINE PUNKTE					..... /60 Punkte
😊 60–55:	🙂 54–49:	🙂 48–43:	😐 42–37:	🙁 36–31:	☹️ 30–0:
Super!	Sehr gut!	Gut.	Es geht.	Noch nicht so gut.	Ich übe noch.

53 **LEKTION 10**

Grammatik

1 Sehen Sie das Bild an und ergänzen Sie. ...... /6 Punkte

- Ⓐ Der Briefträger geht _den_ Bürgersteig _entlang_.
- Ⓑ Michi fährt mit seinem Fahrrad _____ Briefträger _____.
- Ⓒ Die Katze läuft _____ Straße.
- Ⓓ Frau Löbl geht _____ Reinigung.
- Ⓔ Frau Müller schaut _____ Fenster.
- Ⓕ Der alte Herr Lutz wohnt _____ Reinigung.
- Ⓖ Seine Enkel laufen _____ das Haus _____.

2 Schreiben Sie Sätze mit *deshalb*. ...... /5 Punkte

a Weil es sehr stark schneit, haben alle Züge Verspätung.
   Es schneit sehr stark. Deshalb haben alle Züge Verspätung.

b Weil es einen Unfall gegeben hat, haben wir stundenlang im Stau gestanden.

c Weil ein Reifen kaputt war, musste ich den Pannendienst rufen.

d Weil man Radfahrer im Winter nur schlecht sehen kann, sollten sie immer ihr Licht anmachen.

e Weil ich die letzte U-Bahn verpasst habe, musste ich ein Taxi nehmen.

f Weil wir kein Geld dabeihaben, können wir nicht tanken.

GRAMMATIK ...... /11 Punkte

Wortschatz

3 Bilden Sie Wörter und ordnen Sie zu. ...... /5 Punkte

ab | pen | bie | brem | Fuß | gän | gen | ger | ~~po~~ | sen | Straf | tel | ~~Tem~~ | zet

a Hallo, Sie! Fahren Sie bitte langsamer. Hier ist nur _Tempo_ 30 erlaubt!
b Oh nein! Schon wieder ein _____, weil ich falsch geparkt habe.
c Hey, hier dürfen Sie nicht fahren! Das ist ein Weg für _____!
d Du musst _____! Die Ampel da vorne ist rot.
e Ich finde es furchtbar, wenn die Autofahrer ständig _____! Das ist so laut.
f Wir sind gleich am Ziel. Da vorne musst du rechts _____.

4 Ordnen Sie zu. ...... /7 Punkte

die Kreuzung | der Kreisverkehr | die Ausfahrt | die Brücke | ~~die Tankstelle~~
die Baustelle | der Stau | der Falschfahrer

A _die Tankstelle_
B _____
C _____
D _____
E _____
F _____
G _____
H _____

WORTSCHATZ ...... /12 Punkte

LERNTIPP

Wörter und Kultur
Ein Auto ist nicht einfach ein Auto! Sie können ein Wort meistens in Ihre Sprache übersetzen. Trotzdem ist die Bedeutung nicht genau gleich.
1 Überlegen Sie: Woran denken Sie bei „Auto"? Was bedeutet das Wort für Sie? Sammeln Sie Wörter, Gefühle und Bilder. Sie können auch Bilder zeichnen.
2 Fragen Sie jetzt deutsche Freunde. Was ist ein Auto für sie? Woran denken sie bei dem Wort?

Autos in meiner Heimat — _teuer_
Autos in Deutschland — _fast jeder hat ein Auto_, _schnell_

Lesen

5 Welche Tempolimits gelten in den drei Ländern? Sehen Sie die Schilder an und ergänzen Sie. ___/4 Punkte

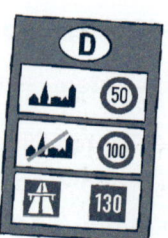 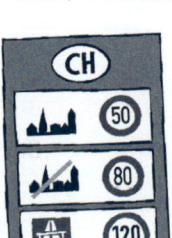 

In der Stadt darf man _in allen drei Ländern maximal 50 km/h_ fahren. Auf dem Land darf man _____ fahren. _____

Auf der deutschen Autobahn gibt es _kein Tempolimit_, aber 130 km/h sind empfohlen. In Österreich darf man _____ fahren, in der Schweiz _____ fahren.

6 Wie viel Strafe müssen die Personen bezahlen? Schreiben Sie. Eine Person bekommt keinen Strafzettel. Wer? Schreiben Sie /. ___/5 Punkte

Strafen für zu hohes Tempo in Deutschland			
in Orten		**auf Landstraßen**	
• bis 10 km/h zu schnell	15 EUR	• bis 10 km/h zu schnell	10 EUR
• bis 15 km/h zu schnell	25 EUR	• bis 15 km/h zu schnell	15 EUR
• bis 20 km/h zu schnell	35 EUR	• bis 20 km/h zu schnell	30 EUR
bei schlechter Sicht, zum Beispiel wegen dichtem Nebel		100 EUR	
Gefahr für Fußgänger, ältere Personen und Kinder (zum Beispiel zu wenig gebremst)		80 EUR	
Unfall wegen zu hohem Tempo		35 EUR	

a Tanja V. ist mit 112 km/h an Dörfern und Seen vorbei und durch einen Wald gefahren.   _15 Euro_
b Anke W. ist mit 70 km/h durch Berlin gefahren.
c Es war neblig, aber Christopher E. ist nicht langsamer gefahren.
d Peter K. ist an einen Baum gefahren, weil er zu schnell war. Jetzt ist sein Auto kaputt.
e Oumar S. ist mit 120 km/h auf der Autobahn gefahren.
f Kevin B. ist ziemlich schnell an einer Schule vorbeigefahren.

LESEN ___/9 Punkte

PAUSE

Ein Witz
Im Nebel fährt ein Autofahrer immer dicht hinter den Lichtern eines anderen Autos. Plötzlich bremst das erste Auto und der zweite Autofahrer fährt auf das erste Auto. Er ist sauer:
„Warum bremsen Sie denn – ganz ohne Grund?"
„Ganz einfach. Ich bin zu Hause und stehe in meiner Garage."

Hören und Sprechen 11

7 Ein Radiointerview .... /6 Punkte

a Hören Sie Teil 1 und kreuzen Sie an: richtig oder falsch?

	richtig	falsch
Für Deutsche ist das Auto wichtig.	○	○
Sie wünschen sich ein Tempolimit auf Autobahnen.	○	○

b Hören Sie Teil 2 und ergänzen Sie.

Männer _____ ihr Auto.

Männer haben Unfälle, weil sie zu _____ .

c Hören Sie Teil 3 und kreuzen Sie an: Was ist richtig?

Wie fahren Frauen Auto?
○ Sie können nicht einparken.
○ Sie fahren sicherer als Männer.

Warum fahren Frauen Auto?
○ Weil das praktisch ist.
○ Weil Autos so sicher sind.

HÖREN .... /6 Punkte

8 Fragen und Antworten. Was passt? Verbinden Sie. .... /4 Punkte

a Ich suche eine Post. Ist hier eine in der Nähe?

b Entschuldigen Sie, wo ist denn bitte die Zoostraße?

c Entschuldigung, wo kann ich denn hier Briefmarken kaufen?

d Ach bitte, ich möchte zum Zoo. Wie komme ich denn dorthin?

e Sagen Sie: zum Zoo – ist das weit?

1 Die ist gleich da vorne. Gehen Sie einfach bis zur nächsten Kreuzung.

2 Da nehmen Sie am besten die U-Bahn und fahren bis zur Station „Tiergarten". Der Zoo ist gleich gegenüber.

3 Ja, gehen Sie einfach geradeaus bis zur Kreuzung und dann links. Nach 300 Metern sehen Sie sie schon.

4 Nein, vielleicht zehn Minuten zu Fuß.

5 Auf der Post. Die ist ganz in der Nähe, gehen Sie hier geradeaus und dann die zweite Straße rechts.

9 Ihr Freund Franz ruft Sie an und fragt nach dem Weg zum Supermarkt. Sprechen Sie und beschreiben Sie ihm den Weg. Hören Sie dann und vergleichen Sie. .... /5 Punkte

geradeaus – Poststraße

links abbiegen

über die Brücke

die zweite Straße links

Supermarkt – linke Seite

Pass auf, du ...
Dort ... und ...
Dann ...
Du siehst ...

SPRECHEN .... /9 Punkte

Schreiben

10 Schreiben Sie eine Antwort. ____/7 Punkte

- Hauptbahnhof → • Firma: circa 20 Minuten • mit • Bus 110 in Richtung Melchiorplatz
- aussteigen: siebte • Haltestelle • Willibaldstraße entlang • Firma: rechte • Seite • Hausnummer 68
- Wetter: auch sonnig, aber nicht so warm • ~~eine gute Reise wünschen~~

E-Mail senden

Sehr geehrte Frau Haller-Tobl,
ich habe morgen ein Vorstellungsgespräch bei Herrn Hähnlein. Mein Zug kommt um 10 Uhr am Hauptbahnhof an. Jetzt habe ich noch ein paar Fragen: Wie komme ich am besten zu Ihnen? Und wie lange brauche ich? Auch würde ich gern wissen: Wie ist das Wetter bei Ihnen? Hier im Norden ist es nämlich sehr warm. Aber ich habe gehört, dass es in Stuttgart anders ist.
Herzlichen Dank für Ihre Hilfe!
Mit freundlichen Grüßen
Miguel Pérez Aznar

E-Mail senden

Sehr geehrter Herr Pérez Aznar,
wir freuen uns, dass Sie morgen zu uns kommen.
Vom _____
_____. Am besten _____
_____.
_____. Die Haltestelle heißt Willibaldstraße. Gehen
_____. Die Firma _____.
_____. Bei uns
_____. Nehmen Sie am besten eine Jacke für den Abend mit.
So, nun *wünsche ich Ihnen eine gute Reise* und viel Erfolg beim Vorstellungsgespräch.
Mit freundlichen Grüßen, Irene Haller-Tobl

---

11 Ergänzen Sie. ____/6 (12 x 0,5) Punkte

a Sie sprechen „ks". Wie schreiben Sie?

we _chs_ eln   lin_____   das Ta_____i   die Vol_____hochschule

wochenta_____   der Erwa_____ene   unterwe_____

b Sie sprechen „ts". Wie schreiben Sie?

der _Z_ oo   funk_____ionieren   rech_____   die Hi_____e

das Werk_____eug   am Goethepla_____   die Informa_____ion

| SCHREIBEN | ____/13 Punkte |

MEINE PUNKTE						____/60 Punkte
	☺	☺	☺	😐	☹	☹
	60–55:	54–49:	48–43:	42–37:	36–31:	30–0:
	Super!	Sehr gut!	Gut.	Es geht.	Noch nicht so gut.	Ich übe noch.

LEKTION 11

Grammatik und Wortschatz

1 Ergänzen Sie in der richtigen Form: *an – auf – in.*   ____ /8 Punkte

a Letzten Sommer waren wir vier Wochen _am_ Bodensee.
b Ich habe für uns eine Reise _____ _____ Schwarzwald gebucht.
c Also, wir fahren im Sommer immer _____ _____ Norden,
   _____ _____ Nordsee. Dort ist es windig und nicht so heiß.
d Am Wochenende sind wir _____ _____ Berge gefahren.
   Die Tour war ganz schön anstrengend.
e Ich möchte so gern einmal _____ Gebirge Urlaub machen,
   aber mein Mann will immer nur _____ Meer.
f Herr Gerber wohnt in Koblenz. Die Stadt liegt _____ Rhein.
g Federica macht gern Urlaub _____ _____ Insel Sylt.

2 Ergänzen Sie.   ____ /5 (10 x 0,5) Punkte

WELCHER REISETYP SIND SIE?

A — DER SPORTLER

Für Sie gilt: Hauptsache, Bewegung! Auf hoh_e_ Berge steigen, in groß____ Seen schwimmen, stundenlang surfen oder lang____ Radtouren machen. Das lieben Sie. An sonnig____ Stränden faulenzen – das ist nichts für Sie.

B — DER SPARER

Ein Auto haben Sie nicht. Preiswert____ Urlaub muss es sein! Sie sind mit Bus und Bahn oder per Autostopp unterwegs. Sie reisen mit leicht____ Gepäck und übernachten in einfach____ Unterkünften.

C — DIE KULTURFREUNDIN

Sie interessieren sich für Kultur. Interessant____ Städte mit mit historisch____ Zentrum und breit____ Kulturangebot sind das passende Urlaubsziel. Stundenlang durch die Stadt laufen und zahlreich____ Sehenswürdigkeiten besichtigen? Für Sie kein Problem!

GRAMMATIK ____ /13 Punkte

3 Was passt? Ordnen Sie zu.   ____ /2 (4 x 0,5) Punkte

haben ~~baden~~ besichtigen übernachten buchen

a im Meer _baden_
b eine Reise _____
c eine Stadt _____
d zwei Stunden Aufenthalt _____
e im Hotel _____

Wortschatz

4 Ergänzen Sie die Unterkunft. ___/5 Punkte

a Im H o t e l gibt es Doppelzimmer und Einzelzimmer.
b Im E_____ übernachtet nur eine Person.
c In einer F_____w____n____g muss man selbst aufräumen und kochen. Aber man hat mehr Platz als im Hotel.
d Eine P_____n hat einfache Zimmer und bietet Übernachtungen mit Frühstück an.
e Wenn man gern in der Natur ist und günstig Urlaub machen will, kann man C____p____ machen.
f Sie mögen Urlaub an historischen Orten? Möchten Sie gern einmal in einem richtigen S____l____s____ übernachten?

5 Ordnen Sie zu. ___/6 Punkte

Reisebüro   Aufenthalt   Gebirge   Spezialist   Unterkunft   Ausstellungen   ~~Übernachtungsmöglichkeiten~~

A Sie suchen eine preiswerte _____ in Berlin? Auf www.zimmerfinder.com finden Sie günstige _Übernachtungsmöglichkeiten_ ab 20 Euro.

B **Machen Sie Urlaub in der Seidenblumenstadt Sebnitz!** Besichtigen Sie unsere romantische Altstadt und lernen Sie unser _____, die Sächsisch-Böhmische Schweiz, kennen.

C Wir suchen eine Kollegin / einen Kollegen für unser _____ in Görlitz. Sie sollten _____/-in für Wanderreisen sein. Interesse? Dann melden Sie sich. Tel. 145 690

D **Kommen Sie zur Kulturnacht:**
• Theater
• _____
• Kinderprogramm
und vieles mehr

E **Hotel Meeresbrise** Genießen Sie Ihren _____ in unserem 4-Sterne-Hotel: Alle Zimmer mit Bad oder Dusche, WC, Balkon und Meerblick. Entspannung am Pool oder am Strand.

WORTSCHATZ ___/13 Punkte

LERNTIPP

Wörter und Bewegung

An neue Wörter erinnern Sie sich besser, wenn Sie sich beim Lernen bewegen. Legen Sie eine Wortliste mit Wörtern in Ihrer Sprache auf den Küchentisch. Lesen Sie immer nur ein Wort und gehen Sie dann zu Ihrem Schreibtisch. Schreiben Sie das Wort auf Deutsch. Gehen Sie wieder zum Küchentisch, lesen Sie das zweite Wort und gehen Sie wieder zu Ihrem Schreibtisch. Schreiben Sie auch dieses Wort auf – und so weiter.

Lesen

6 Lesen Sie und ordnen Sie zu. ___ /2 (4 x 0,5) Punkte

○ Nachricht aus dem Urlaub   ○ Angebot   ○ Buchung   ○ Bitte um Information

A E-Mail senden

Sehr geehrte Frau Hilmer,
Herr Dr. Brettschneider reist am Donnerstag, 15. November, wieder geschäftlich nach Bremen. Bitte buchen Sie eine Fahrkarte für diese Verbindung:
Do, 15.11., Nürnberg – Bremen, 8.05 Uhr – 12.44 Uhr
Fr, 16.11., Bremen – Nürnberg, 15.14 Uhr – 19.55 Uhr
Für die ICE-Strecken wünscht er auch eine Sitzplatzreservierung. In Bremen reservieren Sie bitte wie immer ein Einzelzimmer im Hotel Atlantic. Die Rechnung geht an mich. Vielen Dank.
Mit freundlichen Grüßen
Ingrid Dietz

B E-Mail senden

Lieber Oleg,
heute schreibe ich Dir von der Nordsee, genauer gesagt, von der Insel Sylt. Es ist wunderschön hier, besonders der lange Sandstrand gefällt mir. Leider ist das Baden nicht möglich, das Wasser ist nämlich eiskalt. Gestern haben meine Frau und ich eine Radtour gemacht. Auf dem Hinweg sind wir wirklich schnell gefahren. Aber der Rückweg! Wir mussten die ganze Zeit gegen den Wind fahren. Am Samstag geht es leider schon zurück nach Hause. Dann sehen wir uns wieder im Deutschkurs. Viele Grüße
Darek

C E-Mail senden

Sehr geehrter Herr Meisel,
wir haben im Internet gesehen, dass Sie im Herbst 14 Tage „Urlaub auf dem Bauernhof" zum Preis von 10 Tagen anbieten. Dieses Angebot interessiert uns sehr. Haben Sie denn in der Zeit vom 22. September bis 6. Oktober noch Zimmer frei? Wir sind vier Personen und brauchen zwei Doppelzimmer. Außerdem möchten wir wissen: Bieten Sie Übernachtung mit Halbpension an? Oder muss man selbst kochen?
Mit freundlichen Grüßen
Sonja Kienle

D E-Mail senden

Sehr geehrter Herr Kovac,
vielen Dank für Ihr Interesse an unseren Busreisen. Leider müssen wir Ihnen mitteilen, dass die Fahrt zum Karneval in Venedig schon ausgebucht ist. Wir können Ihnen aber über Ostern eine Reise nach Venedig anbieten: vier Tage im klimatisierten Bus inklusive drei Übernachtungen mit Frühstück im 3-Sterne-Hotel und Stadtrundfahrt. Die Reise kostet pro Person 199 Euro.
Bitte schreiben Sie uns, wenn Sie Interesse haben.
Mit freundlichen Grüßen
Marina Petri
Hilbinger Busreisen

7 Lesen Sie noch einmal und kreuzen Sie an: richtig oder falsch? ___ /4 Punkte

	richtig	falsch
a Herr Brettschneider reist allein.	☒	○
b Herr Brettschneider möchte mit dem Zug reisen.	○	○
c Darek badet gern in kaltem Wasser.	○	○
d Frau Kienle möchte Informationen über das Essen.	○	○
e Herr Kovac möchte Ostern nach Venedig fahren.	○	○

LESEN ___ /6 Punkte

Hören und Sprechen

🔊 56–61 **8 Kreuzen Sie an. Was ist richtig?** .... /6 Punkte

a Der Anrufer möchte in ○ einem Hotel ○ einer Pension übernachten.
b Die Anruferin möchte gern im ○ Sommer ○ Winter kommen.
c Willi möchte nach Wien ○ fliegen. ○ mit dem Auto fahren.
d Für die Theater-Reise ○ soll Herr Huber sich bald anmelden.
  ○ gibt es keine Plätze mehr.
e Die Anruferin möchte ○ einkaufen gehen.
  ○ wandern gehen.
f Frau Loos hat mehr als ○ 20 Minuten ○ eine Stunde Zeit zum Umsteigen.

HÖREN .... /6 Punkte

9 Was passt nicht? Kreuzen Sie an. .... /4 Punkte

a Wollen wir über Weihnachten in den Süden fahren?
  ☒ Ich will auch nicht in den Süden fahren.
  ○ Also, ich weiß nicht, im Süden gibt es keine richtige Weihnachtsstimmung.
  ○ Ach nein, darauf habe ich keine Lust. Dort ist es mir zu heiß.

b Lass uns doch mit dem Zug nach Dresden fahren.
  ○ Ja, gut. Einverstanden.
  ○ Ich habe einen Vorschlag.
  ○ Okay, machen wir es so.

c Wir könnten Urlaub im Thüringer Wald machen.
  ○ Super. Das ist eine gute Idee.
  ○ Das ist aber keine gute Idee.
  ○ Ich habe da eine Idee.

d Wir könnten auf einem Bauernhof übernachten. Wie findet ihr das?
  ○ Gute Idee. Ich bin dafür.
  ○ Super. Das ist eine gute Idee.
  ○ Schade.

e Also, ich bin dagegen: Ich will keinen Kultururlaub machen.
  ○ Schade. Hast du denn einen anderen Vorschlag?
  ○ Ach nein, darauf habe ich keine Lust.
  ○ Hm, wie wäre es dann mit Wandern in den Bergen?

🔊 62 **10 Hören Sie und antworten Sie.** .... /5 Punkte
Wählen Sie hier die passende Antwort aus.

> Wir würden gern am Sonntag zurückfliegen, so gegen Mittag.
> Am 3. Oktober.
> Guten Tag. Ich habe gehört, dass Sie günstige Flüge nach Istanbul anbieten.
> Das interessiert mich. Wann könnte ich denn da fliegen?
> Gut, den nehme ich. Bitte buchen Sie den Flug für mich und meine Frau.

SPRECHEN .... /9 Punkte

Schreiben 12

PAUSE

Wie gut kennen Sie Deutschland? Wo sind diese Sehenswürdigkeiten?
Ordnen Sie zu.

A   B   C   D

● Kölner Dom   ● Elbphilharmonie   ● Brandenburger Tor   ● Semperoper

○ In Hamburg.   ○ In Dresden.   Ⓐ In Köln.   ○ In Berlin.

11 Ordnen Sie die E-Mail.

_____ /5 (10 x 0,5) Punkte

E-Mail senden

- ⑧ Du musst unbedingt Feijoada probieren.
- ○ Viele Grüße, Guilherme
- ○ Du schreibst, dass Du in meine Heimat Brasilien reisen willst.
- ○ Das ist ein einfaches Gericht, aber sehr lecker!
- ○ Aber ich finde den Karneval in Salvador am schönsten.
- ○ Am bekanntesten ist sicher der Karneval in Rio de Janeiro.
- ○ Außerdem feiern wir im Februar Karneval.
- ○ Lieber Leon,
- ○ Ich empfehle Dir, dass Du im Februar dorthin reist.
- ○ Wenn Du noch andere Fragen hast, schreib mir. Ich freue mich, wenn ich Dir helfen kann.
- ○ Das ist eine gute Zeit, weil dann bei uns Sommer ist.

12 Schreiben Sie eine Nachricht.

_____ /8 Punkte

Eine deutsche Freundin oder ein deutscher Freund möchte in Ihr Heimatland reisen und bittet Sie um Informationen. Hier finden Sie sieben Punkte. Wählen Sie drei Punkte aus. Schreiben Sie zu jedem Punkt zwei Sätze auf ein Papier. Vergessen Sie nicht Anrede und Gruß! Geben Sie den Brief Ihrer Kursleiterin / Ihrem Kursleiter zur Korrektur.

Sehenswürdigkeiten: Was kann man besichtigen?   Reiseweg: Wie fährt man am besten in Ihr Land?
Wetter: Wann ist es am schönsten?   Ein Vorschlag: Was könnte man unternehmen?
Was sollte man essen?   Was für Kleidung braucht man?   Feste: Daran sollte man teilnehmen.

SCHREIBEN _____ /13 Punkte

MEINE PUNKTE					_____ /60 Punkte
☺	☺	☺	☺	☹	☹
60–55:	54–49:	48–43:	42–37:	36–31:	30–0:
Super!	Sehr gut!	Gut.	Es geht.	Noch nicht so gut.	Ich übe noch.

Grammatik

1 Schreiben Sie höfliche Fragen. .... /5 Punkte

A: Wo ist hier der Strand?
B: Gibt es den Rock auch eine Nummer kleiner?
C: Was kosten diese Tassen hier?
D: Wie kann man online Geld überweisen?
E: Muss ich ein Formular ausfüllen?
F: Von welchem Gleis fährt der Zug nach Frankfurt ab?

A Könnten Sie mir sagen, wo hier der Strand ist?
B ...

2 Ergänzen Sie mit *lassen* in der richtigen Form. .... /5 Punkte

a Die Tischdecke ist sehr schmutzig. Du solltest sie _reinigen lassen_. (reinigen)
b Du hast Geld gewonnen? Toll!
   Hast du dir das Geld schon _____? (überweisen)
c Ich _____ mir die neuen Möbel nach Hause _____. (liefern)
d Anna _____ sich nie die Haare vom Friseur _____. (schneiden)
e Eure Waschmaschine funktioniert ja immer noch nicht!
   Warum _____ ihr sie nicht _____? (reparieren)
f Für Bankgeschäfte hast du keine Zeit? Na, dann _____ doch einen Experten deine Bankgeschäfte für dich _____! (erledigen)

3 Schreiben Sie Sätze. .... /4 Punkte

a Hakan – bei den Hausaufgaben – sich – lassen – helfen
   Hakan lässt sich bei den Hausaufgaben helfen.
b Mario – wollen – lassen – seine Miete – abbuchen

c Karim – die Reifen – wechseln – lassen – müssen

d Hanna – sich – lassen – mit der Post – schicken – die Kontoauszüge

e Man – können – am Schalter – Bargeld – lassen – sich – geben

GRAMMATIK .... /14 Punkte

Wortschatz 13

PAUSE

Welche Redensart bedeutet, dass jemand sehr, sehr viel Geld hat? Kreuzen Sie an.

○ Er wirft das Geld zum Fenster raus.    ○ Sie schwimmt im Geld.

4 Was passt nicht? Streichen Sie. ...... /5 Punkte

a Zinsen — bekommen – bezahlen – ~~besorgen~~
b Geld — verdienen – erledigen – überweisen
c die Kontoauszüge — ausdrucken – schicken – eröffnen
d eine EC-Karte — sparen – beantragen – verlieren
e einen Geldbetrag — erledigen – abheben – abbuchen lassen
f ein Girokonto — haben – eröffnen – verschieben

5 Was ist richtig? Kreuzen Sie an. ...... /5 Punkte

a Lena hat fast kein Geld mehr auf ihrem Konto. Für einen neuen Mantel muss sie ☒ sparen. ○ leihen.
b An Kiosken und in kleinen Geschäften kann man oft nur ○ mit Taschengeld ○ bar bezahlen.
c Tut mir leid, an diesem Automaten können Sie leider kein Geld ○ ausgeben. ○ abheben. Da müssen Sie zum Schalter nebenan gehen.
d Haben Sie diese Uhr im Ausland gekauft? Dann müssen Sie leider ○ Zoll ○ Summe bezahlen.
e Natürlich, Herr Maier. Wir können den Betrag auch von Ihrem Konto ○ eröffnen. ○ abbuchen.
f Ich habe leider kein Bargeld. Kann ich dir das Geld ○ überweisen? ○ ausgeben?

WORTSCHATZ ...... /10 Punkte

LERNTIPP

Ein Spiel: Teekesselchen
Manche Wörter haben zwei oder auch mehr Bedeutungen, zum Beispiel „Bank". Üben Sie solche Wörter doch einmal mit einem Spiel: Spielen Sie mit Freunden. Sie und eine Partnerin/ein Partner beschreiben das Wort mit seinen beiden Bedeutungen. Sagen Sie für das Wort immer „Teekesselchen". Die anderen raten. Das macht Spaß und Sie vergessen diese Wörter bestimmt nicht mehr!

Ich kann auf meinem Teekesselchen sitzen. — *Ich habe dort ein Konto.* — *Ich weiß es! Das Wort ist „Bank"!*

Lesen

6 Lesen Sie und kreuzen Sie an: richtig oder falsch? ___/8 Punkte

> **Ohne Euro bezahlen**
>
> Es ist neun Uhr morgens. Margot Staudinger öffnet ihren kleinen Käseladen. Bald kommt die erste Kundin. „250 Gramm Bergkäse", bestellt sie und nimmt einen Geldschein aus ihrem Geldbeutel. Die Zahl Fünf steht darauf, aber wie ein 5-Euro-Schein sieht der Schein nicht aus. Gelb ist er, und er heißt „Chiemgauer". In circa 600 Unternehmen und Geschäften können die Kunden damit in der Region rund um das bayerische Rosenheim und den Chiemsee bezahlen. Seit 2003 gibt es die bunten Chiemgauer-Scheine. Er ist das erfolgreichste Regiogeld in Deutschland, aber nicht das einzige: Andere alternative Zahlungsmittel heißen zum Beispiel „KannWas" (in Schleswig-Holstein) oder „Roland" (in und um Bremen). „Die Idee ist, dass das Geld in der Region bleibt und so die regionale Wirtschaft stärkt", erklärt Staudinger. Anders als beim Euro ist beim Chiemgauer sicher, dass das Geld in der Region ausgegeben wird, und auch, dass es wirklich ausgegeben wird. Denn auf den meisten Regiogeldern steht ein Gültigkeitsdatum. Das Geld muss man in einer bestimmten Zeit ausgeben. Chiemgauer-Geldscheine können die Kunden problemlos in vielen Geschäften und auch bei mehreren Banken bekommen und damit in den teilnehmenden Unternehmen einkaufen. Inzwischen ist sogar das bargeldlose Bezahlen möglich: mit der Regiocard. Sie funktioniert wie eine EC-Karte. Regionalgeld gibt es übrigens nicht nur in Deutschland, sondern zum Beispiel auch in Österreich, in der Schweiz oder in Italien. Am Abend zählt Margot Staudinger das Geld: 500 Euro hat sie heute verdient – fast alles in Chiemgauern.

	richtig	falsch
a Nicht überall in Deutschland kann man mit Euro bezahlen	○	⊠
b Der Chiemgauer ist Geld.	○	○
c Alle Chiemgauer-Münzen sind gelb.	○	○
d Man kann damit überall in Deutschland bezahlen.	○	○
e Bremen hat ein eigenes Regionalgeld.	○	○
f Der Chiemgauer sorgt dafür, dass es der Wirtschaft in der Region besser geht.	○	○
g Den Chiemgauer kann man nicht sparen.	○	○
h Mit dem Chiemgauer kann man nur bar bezahlen.	○	○
i Regiogeld gibt es auch in anderen Ländern.	○	○

7 Lesen Sie den Text und die Statistik und ergänzen Sie. ___/6 Punkte

> **DAFÜR GEBEN JUGENDLICHE UND JUNGE ERWACHSENE IHR GELD AUS!**
>
> Nachtleben, Mode, Essen und Trinken – dafür geben Jugendliche und junge Erwachsene in Deutschland das meiste Geld aus. Im Durchschnitt hat jeder von ihnen 300 Euro pro Monat zur freien Verfügung – durch Taschengeld oder Jobs. Erstaunlich: Das Smartphone und die Telefonrechnung sind nicht in den Top Ten. Dabei zeigen Umfragen, dass junge Menschen für Handy, Tablet und Co sogar Kredite aufnehmen.
>
> 1. Ausgehen 6. Kosmetik
> 2. Kleidung 7. Accessoires
> 3. Essen & Getränke 8. Musik
> 4. Kino 9. Hobbys
> 5. Geschenke 10. Zeitschriften

a Wofür geben Jugendliche und junge Erwachsene am meisten aus? _____
   Wofür am wenigsten? _____
b Wie viel Geld können sie monatlich ausgeben? Circa _____
c Wie bekommen sie dieses Geld? Sie bekommen von den Eltern _____
   oder machen _____
d Junge Menschen leihen sich Geld für *ein Handy* oder _____

LESEN ___/14 Punkte

LEKTION 13

Hören und Sprechen

8 Ein Interview im Radio

a Welche Erklärung passt? Verbinden Sie.

1 sparsam sein
2 Geld auf die Seite legen
3 die Kosten übernehmen

a für jemanden etwas bezahlen, zum Beispiel die Arztrechnung
b Man gibt nicht viel Geld aus.
c Das bedeutet: Man spart Geld, zum Beispiel auf einem Konto.

(1 → b verbunden)

b 🔊 63 Was ist das Thema? Hören Sie und kreuzen Sie an.

○ Sparen in Deutschland ○ Bankberatung ○ Nachrichten aus Deutschland

c 🔊 64 Was ist richtig? Hören Sie weiter und kreuzen Sie an.

1 In Deutschland wird viel Geld ○ ausgegeben. ☒ ausgegeben und viel gespart.
2 In Berlin spart man ○ am fleißigsten. ○ am wenigsten.
3 Junge Menschen sparen für ○ ihre Ausbildung. ○ für das Alter.
4 Frauen sparen ○ besonders viel ○ weniger als Männer für das Alter.
5 Durchschnittlich werden ○ weniger als ○ mehr als 100 Euro im Monat gespart.
6 Den meisten ist es wichtig, dass sie Geld für ○ Notfälle ○ gute Versicherungen haben.
7 Man sollte Bargeld am besten ○ zu Hause haben. ○ zur Bank bringen.
8 Am liebsten verstecken Deutsche ihr Bargeld ○ unter dem Bett. ○ im Kühlschrank.

HÖREN ____ /10 Punkte

9 Strategien: Höflich fragen und das Interesse wecken. Was ist die Bedeutung? Kreuzen Sie an.

____ /4 Punkte

a ◆ Hallo, Frau Krause. Lange nicht gesehen. Wie geht's denn so?
   ○ Ach, hallo, Frau Meding. Mir geht es nicht so gut. <u>Wissen Sie</u>, ich habe gerade meine EC-Karte verloren.
   ○ Höflich fragen ☒ Interesse wecken

b ◆ <u>Können Sie mir sagen,</u> ob es hier in der Nähe eine Bank gibt?
   ○ Ja, das ist ganz leicht: Gehen Sie nur die Straße entlang, an der Ecke ist eine.
   ○ Höflich fragen ○ Interesse wecken

c ◆ Oh nein! Der Geldautomat hat die EC-Karte behalten.
   ○ Oje, <u>weißt du</u>, wie wir die Karte jetzt wiederbekommen?
   ○ Höflich fragen ○ Interesse wecken

d ◆ Meine Kreditkarte ist weg. Was soll ich jetzt tun?
   ○ Sie müssen zu Ihrer Bank gehen. Letzten Monat ist mir das passiert. <u>Ich kann Ihnen sagen,</u> das war ein Stress, bis ich die Karte zurückgekriegt habe.
   ○ Höflich fragen ○ Interesse wecken

e ◆ Ich habe eine neue Kreditkarte. <u>Ich würde gern wissen,</u> ob ich damit auch im Ausland Geld abheben kann.
   ○ Höflich fragen ○ Interesse wecken

Sprechen und Schreiben

10 Ordnen Sie zu. ___/3 Punkte

| Können Sie mir bitte zeigen | Ich würde gern wissen | Könnten Sie bitte mal nachsehen | ~~Ich weiß nicht~~ |

a In der Schneiderei:
Ich habe mein Kleid bei Ihnen ändern lassen.
◆ _____, ob es schon fertig ist?

b Im Elektromarkt:
◆ _____, wie dieses Gerät funktioniert?

c Auf der Bank:
Ich habe meine Kreditkarte verloren.
◆ _Ich weiß nicht_, was ich jetzt tun soll.

d Am Telefon mit der Telefongesellschaft:
◆ Ich habe zu der Rechnung noch ein paar Fragen. _____,
warum Sie diesen Monat 30 Euro abgebucht haben. Das sind fünf Euro zu viel.

SPRECHEN ___/7 Punkte

11 Ergänzen Sie das Formular für Neven Ogrizovic. ___/5 Punkte

> ... Du, ich habe ein Girokonto mit EC-Karte bei der Bank beantragt ... Kreditkarte? Ja klar, die habe ich auch gleich bestellt. Sie kostet nichts extra im ersten Jahr. Und ich kann auch mit der Kreditkarte überall Geld abheben. Eine persönliche Beratung? Ja, klar, ich habe im Formular einfach eingegeben, dass ich am 13. Februar kommen möchte. Und dann hat mich ein Mitarbeiter von der Bank angerufen und wir haben diesen Termin vereinbart. ... Es war wirklich alles ganz einfach. Ich kann dir helfen, wenn du auch ein Konto dort eröffnen willst.

PRODUKTAUSWAHL
Gewünschtes Kontomodell: _____

Zusätzlich beantrage ich die Ausstellung einer:
○ EC-/Maestro-Karte   ○ Kreditkarte

Termin vereinbaren
Termin-Wunsch: _____

ANGABEN ZUR PERSON
Anrede: ○ Herr ○ Frau
Vorname: Neven
Nachname: Ogrizovic
Straße und Hausnummer: Brunnengasse 3
Postleitzahl: 6301
Ort: Zug
Telefonnummer: 041 99 99 00
E-Mail: neven@omail.ch

Bitte setzen Sie sich mit mir in Verbindung:
○ per Telefon ○ per Mail

SCHREIBEN ___/5 Punkte

MEINE PUNKTE						___/60 Punkte
☺ 60–55:	☺ 54–49:	☺ 48–43:	😐 42–37:	☹ 36–31:	☹ 30–0:	
Super!	Sehr gut!	Gut.	Es geht.	Noch nicht so gut.	Ich übe noch.	

Grammatik

1 Lebensstationen. Ergänzen Sie in der richtigen Form. ____ /16 Punkte

A

„MAN DARF NIE STEHEN BLEIBEN."

Rosina S. aus Aachen _hatte_ (haben) ein Leben in Bewegung. Schon als kleines Mädchen _____ sie von Tischen und sogar Bäumen _____ (springen). Sie _hat_ sich ständig _bewegt_ (bewegen) und _____ (wollen) Skifahrerin werden. Aber das _____ (sein) für Frauen in ihrer Zeit unmöglich. Deshalb _____ sie _____ (heiraten), Kinder _____ (bekommen) und ihrem Mann in seiner Firma _____ (helfen).
Aber mit 65 Jahren _____ sie ihr Leben _____ (ändern). Von da an _____ sie alles _____ (ausprobieren), was sie schon immer _____ (interessieren): reiten, tanzen, Handball und Golf spielen. Ihr Traum: einmal aus einem Flugzeug springen! Mit 65 Jahren _____ sie ihren ersten Fallschirmsprung _____ (machen)!
„Das war fantastisch!", sagt Rosina. „Nächstes Jahr springe ich wieder und dann kommen auch meine Kinder mit."

B

„FÜR ANDERE DA SEIN IST MIR WICHTIG."

Als Kind _____ (müssen) Leon K. seiner alleinerziehenden und kranken Mutter viel helfen. Aber er _____ sich gern um seine kleinen Geschwister und auch andere Kinder _____ (kümmern). Seine Mutter _____ (hoffen), dass Leon Arzt wird und viel Geld verdient, denn Geld _____ (haben) die Familie nie. Aber Leon _____ sich für eine Ausbildung im Kindergarten _____ (entscheiden). Sein Traumjob!
Von da an _____ (dürfen) er den ganzen Tag mit Kindern verbringen, mit ihnen singen und spielen und ihnen viele Dinge zeigen und erklären. Aber bis heute sehen ihn manche Eltern und auch Freunde komisch an. Ein Mann im Kindergarten, das ist immer noch sehr selten. „Und viel Geld verdient man auch nicht", sagt Leon. „Aber das ist mir egal. Hauptsache, man macht eine sinnvolle Arbeit."

Grammatik und Wortschatz

2 Was ist richtig? Kreuzen Sie an. _____ /3 (6 x 0,5) Punkte

		Wunsch	Vorschlag	Ratschlag
a	Wir könnten am Montag eine Radtour machen.	○	☒	○
b	Du könntest mir beim Kuchenbacken helfen.	○	○	○
c	Meine Kinder möchten mehr Taschengeld.	○	○	○
d	Simon sollte mehr für die Universität lernen.	○	○	○
e	Wir könnten doch mal wieder einen Ausflug machen.	○	○	○
f	Wenn ihr so viel streitet, dann solltet ihr euch trennen.	○	○	○
g	Nadine würde gern eine berühmte Schauspielerin werden.	○	○	○

3 Linus ärgert sich über seine Kollegin. Ergänzen Sie *dass – wenn – weil*. _____ /6 Punkte

◆ Könntest du bitte deine Kaffeetassen in die Spülmaschine stellen? Ich finde es nicht nett, _dass_ ich die Küche immer aufräumen muss.

○ Ja, ja, mache ich.

◆ Und _____ du am Abend nach Hause gehst, könntest du bitte das Fenster in deinem Büro zumachen und den Drucker ausschalten? Gestern musste ich das alles schon wieder machen, _____ du es vergessen hast.

○ Klar, mache ich, kein Problem.

◆ Der Chef ist ziemlich sauer, _____ das Projekt noch immer nicht beendet ist. Aber es stimmt nicht, _____ wir langsam sind. Ich muss alles allein machen und mache sogar Überstunden.

○ Hm.

◆ Ich würde heute gern schon um zwei Uhr Feierabend machen, _____ du nichts dagegen hast.

○ In Ordnung.

◆ Weißt du was? Ich glaube, _____ du mir gar nicht zuhörst. Das finde ich sehr unhöflich!

○ Was hast du gesagt?

GRAMMATIK _____ /25 Punkte

4 Was passt? Ordnen Sie zu und bilden Sie neue Wörter. _____ /6 Punkte

~~-los~~ -los -ig -bar un- -chen -in

a	keine Arbeit haben	_arbeitslos_ sein	
b	ein nicht glückliches Kind	ein _____ Kind	
c	ein Tag mit Sonne	ein _____ Tag	
d	der weibliche Lehrer	die _____	
e	man kann es bezahlen	es ist _____	
f	ein Paar ohne Kinder	ein _____ Paar	
g	ein kleiner Bär	ein _____	

LEKTION 14

Wortschatz und Lesen

5 Bilden Sie Wörter und ergänzen Sie. ___ / 5 Punkte

a Die Stelle, wo man sein Auto tanken kann, heißt _Tankstelle_ .
b Ein Buch für Kinder ist ein _____ .
c Ein Haus auf einem Baum ist ein _____ .
d Buntes Papier zum Einpacken von Geschenken heißt _____ .
e Eine Schule, in der man tanzen lernen kann, heißt _____ .
f Ein Saft aus Orangen ist ein _____ .

WORTSCHATZ ___ /11 Punkte

> **LERNTIPP**
>
> **Meine persönliche Lernmethode**
> Lesen Sie noch einmal alle Lerntipps in diesem Intensivtrainer. Welche Tipps haben Ihnen geholfen? Welche haben Sie noch nicht ausprobiert? Suchen Sie zwei oder drei Tipps aus und lernen Sie in den nächsten Wochen Wörter mit diesen Tipps. Entscheiden Sie dann, welcher Tipp für Sie persönlich die beste Methode ist. Denn am besten können Sie sich Dinge merken, wenn Sie etwas gern machen und das Gefühl haben, dass es sinnvoll ist.

6 Lesen Sie und kreuzen Sie an: richtig oder falsch? ___ / 4 Punkte

Wer ist die Schönste im ganzen Land?

Frida Schmid ist die schönste Frau der Schweiz – den Titel hat sie letzte Woche gewonnen. Sie hat in Basel an einem Schönheitswettbewerb für über 70-Jährige teilgenommen. Insgesamt haben zehn Bewerberinnen aus sechs Seniorenheimen an diesem Wettbewerb teilgenommen. Sie alle mussten über 70 Jahre alt sein und ohne Hilfe gehen können. Zuerst mussten sich die Frauen vor einer Jury zeigen. Dann sollten sie über ihre Hobbys, ihre Familie, einen großen Wunsch und ihre Lieblingsblume erzählen.
Die Jury hat sich schließlich für Frida Schmid entschieden, weil sie so herzlich lächelte. Die Gewinnerin hat einen Gutschein für ein Essen in einem Luxusrestaurant bekommen.

	richtig	falsch
a In der Schweiz hat ein Wettbewerb für Seniorinnen stattgefunden.	☒	○
b Sechs Seniorinnen haben daran teilgenommen.	○	○
c Alle Teilnehmerinnen mussten älter als 70 Jahre sein.	○	○
d Frida Schmid hat mit ihrer Lieblingsblume gewonnen.	○	○
e Frida Schmid darf nun in einem teuren Restaurant essen gehen.	○	○

LESEN ___ / 4 Punkte

Hören und Sprechen

7 Hören Sie das Interview und kreuzen Sie an: Was ist richtig?

_____ / 6 Punkte

- ☒ Das Thema ist: Wie finden Eltern einen Namen für ihr Kind?
- ○ Ein Name sollte für jedes Alter passen.
- ○ Menschen mit einem modernen Vornamen sind meistens jung.
- ○ Eltern geben ihrem Kind gern einen modernen Namen.
- ○ Finn und Leonie sind keine modernen Namen.
- ○ Kinder haben oft den gleichen Vornamen wie der Vater oder die Mutter.
- ○ Man sollte einen ausländischen Namen leicht schreiben können.

HÖREN _____ / 6 Punkte

8 Karim und Eleonora haben Deutschprüfung. Sie sollen für das Wochenende eine gemeinsame Unternehmung planen. Ergänzen Sie ihr Gespräch.

_____ / 6 Punkte

> Was wollen wir unternehmen?
> Wann und wohin?
> Mit welchem Verkehrsmittel?
> Wer macht was?
> …

- ◆ I _c_ _h_ w _ü_ _r_ _d_ e am Wochenende g _e_ _r_ _n_ etwas u _n_ _t_ _e_ _r_ _n_ _e_ _h_ _m_ e n. (a) Hast du am Samstag Zeit?
- ○ Ja. Was wollen wir machen?
- ◆ W____ k____ t____ in den Zoo g____ h____. (b)
- ○ Ach nein. D____ f____ d____ n____ t____ s____ i____ r____ s____ t. (c)
- ◆ Aber v____ ll____ t____ h____ d____ L____ t____ f eine Radtour in den Bergen? (d)
- ○ Das ist mir zu anstrengend. Aber w____ w____ e____ m____ ____ em Picknick am See? (e) Wir könnten zusammen etwas zu essen vorbereiten und dann fahren wir mit der S-Bahn raus, essen am See und gehen spazieren.
- ◆ D____ i____ t____ n____ t____ l____ r V____ r____ l____ g. (f)
- ○ Freut mich, wenn dir die Idee gefällt. Dann komme ich am Samstagvormittag zu dir und wir kaufen zusammen ein und bereiten einen Picknickkorb vor.
- ◆ E____ v____ st____ d____. (g)

SPRECHEN _____ / 6 Punkte

Schreiben 14

PAUSE

Lesen Sie und kreuzen Sie an: Wie heißt das Baby von Susanne und Willo mit Nachnamen?

Moderne Familien – moderne Namen
Früher hat die Frau bei der Heirat den Familiennamen vom Mann bekommen. Susanne Mayer würde jetzt also „Müller" heißen, weil ihr Mann Willo so heißt. Heute gibt es aber verschiedene Möglichkeiten:

- Das Ehepaar entscheidet sich für einen Nachnamen. Das kann der Familienname vom Mann oder von der Frau sein. Die gemeinsamen Kinder heißen dann wie die Eltern.
- Der Mann <u>oder</u> die Frau hat einen Doppelnamen (nicht beide!). Die Kinder bekommen den Familiennamen, also keinen Doppelnamen.
- Beide Ehepartner behalten ihren Namen – so wie Susanne und Willo. Ihre Kinder bekommen dann den Namen von der Mutter oder vom Vater.

○ Müller   ○ Müller-Mayer oder Mayer-Müller   ○ Müller oder Mayer

9 Schreiben Sie die E-Mail neu und verbinden Sie die Sätze. ___ /8 Punkte

E-Mail senden

Liebe Emilia,
tut mir leid: Ich habe Dir so lange nicht geschrieben. Meine Schwester musste ins Krankenhaus. Ich habe auf ihre zwei Kinder aufgepasst.
Du weißt ja: Ich mag die Kleinen wirklich gern. Ich war am Abend immer ganz schön müde. Am Tag hatte ich keine Ruhe, die zwei wollten die ganze Zeit spielen. Sie haben Mittagsschlaf gemacht, dann habe ich die Wohnung aufgeräumt. Meine Schwester ist immer noch im Krankenhaus. Ich bin jetzt wieder zu Hause. Die Kinder sind übers Wochenende bei unseren Eltern.
Ab Montag kümmere ich mich wieder um die Kinder.
Wollen wir am Sonntag etwas zusammen unternehmen?
Gib mir doch Bescheid. Hast Du Lust?
Viele Grüße
Milena

~~dass~~   deshalb   dass   Trotzdem   denn   Wenn   aber   weil   ob

E-Mail senden

Liebe Emilia,
tut mir leid, dass ich Dir so lange nicht geschrieben habe. Meine Schwester …

SCHREIBEN ___ /8 Punkte

MEINE PUNKTE						/60 Punkte
	😊 60–55:	🙂 54–49:	🙂 48–43:	😐 42–37:	🙁 36–31:	☹️ 30–0:
	Super!	Sehr gut!	Gut.	Es geht.	Noch nicht so gut.	Ich übe noch.

Lösungen

Lektion 1

1. **b** Die Lehrerin ist sauer, weil Ernesto heute zu spät gekommen ist. **c** Ernesto hat auch keine Hausaufgaben gemacht, weil er gestern umgezogen ist. **d** Ernesto lädt Lidia zum Kaffee ein, weil er sie nett findet. **e** Lidia hat heute aber keine Zeit, weil sie eine Freundin vom Bahnhof abholen muss. **f** Ernesto ist traurig, weil Lidia keine Zeit für ihn hat. **g** Aber am Abend ist er glücklich, weil Lidia ihn angerufen hat: Morgen hat sie Zeit.

2. **mit ge-:** mitgekommen, eingezogen, aufgemacht, angefangen, ausgepackt
ohne ge-: erfahren, bemerkt, passiert, verloren, telefoniert

3. angekommen, abgeholt, gefahren, gegangen, eingeschlafen, verpasst, gewartet, besichtigt, repariert

4. **b** Schwiegervater **c** Tante **d** Cousine **e** Schwager **f** Neffe

5. **b** geschieden **c** Single **d** schwanger **e** alleinerziehende **f** WG (Wohngemeinschaft)

6. **a** Die Fuggerei ist ein Stadtviertel. **b** Dort gibt es 140 Wohnungen. **d** Die Miete ist günstig. **e** Familie Fugger möchte anderen helfen. **f** Die Fuggerei ist sehr alt. **g** In der Fuggerei muss man als Tourist Eintritt bezahlen.

7. **richtig:** c, e **falsch:** b, d

Pause Ariane weiß gut über Medizin Bescheid.

8. **a** Anja ist sauer, weil Mike nicht angerufen hat. **b** Oliver ist so müde, weil er seinen Compter repariert hat. **c** Marion ist glücklich, weil sie einen netten Mann kennengelernt hat. **d** Rüdiger ist traurig, weil seine Frau Katrin von ihm getrennt leben will. **e** Elfi ist glücklich, weil sie schwanger ist.

9. Zuerst, Dann, Später, schließlich

10. **b** Stell dir vor, Wie peinlich! **c** Du glaubst es nicht, **d** So ein Pech! **e** Das klingt nicht gut.

11. weil ich den Wecker nicht gehört habe. Ich bin dann schnell mit dem Taxi zum Busbahnhof gefahren. Leider hat die Fahrt 9 Stunden gedauert und ich habe Rückenschmerzen bekommen. Dann habe ich auch noch großen Durst bekommen. Aber ich hatte kein Wasser dabei. Schließlich bin ich mit Durst, müde und hungrig angekommen.

Lektion 2

1. **b** die **c** den **d** dem **e** die **f** der

2. **a** in der **b** auf dem **c** ins **e** auf dem **f** In der

3. **b** runtergehen **c** rübergehen **d** reingehen **e** rausgehen

4. **b** liegt **c** hängt **d** steht **e** steckt

5. **a** steht **b** liegst, lege **c** stellen **d** liegt

6. gießen, füttern, erwarte, Briefkasten, werfen

7. **b** 1 **c** 5 **d** 6 **e** 7 **f** 2 **g** 3

Pause 1 Regal 2 Briefkasten 3 Hausmeister 4 Handwerker 5 Mülltonne 6 Päckchen 7 Spielzeug
Lösung: laute Musik

8. **b** Die Menschen sollen Reiner Müll geben. **c** Reiner fährt nur im Sommer durch Berlin. **d** Reiner ist ein Roboter. **e** Reiner ist ein Papierkorb. **f** Die Menschen finden Reiner gut und werfen ihren Müll in Papierkörbe.

9. **richtig:** b, d **falsch:** a, c, e, f

10. **b** Sei doch bitte so nett und bring den Müll runter., Könntest du bitte den Müll runterbringen? **c** Seien Sie doch bitte so nett und helfen Sie mir mit den Einkaufstaschen., Könnten Sie mir bitte mit den Einkaufstaschen helfen? **d** Seien Sie doch bitte so nett und leeren Sie den Briefkasten., Könnten Sie so nett sein und den Briefkasten leeren? **e** Seid doch bitte so nett und passt auf meine Katze auf., Könntet ihr auf meine Katze aufpassen?

11. **Musterlösung:** Hallo Tanja, ich habe eine Bitte: Am Wochenende bin ich nicht da, denn ich fahre nach Heidelberg. Ich helfe Florian beim Umzug. Sei doch bitte so nett und pass auf meinen Hund auf. Und könntest Du die Pflanzen in meinem Zimmer gießen? Heute muss ich schon um 8 Uhr an der Universität sein und (ich) kann das Bad nicht mehr putzen. Das tut mir leid! Könntest Du das machen? Tausend Dank für Deine Hilfe! Ich koche am Montagabend für Dich, okay?

Lektion 3

1. **a** keine, welche **b** einen, einer **c** keinen **d** eine, welche/einen **e** eine

2. **Geräte in der Küche:** die Mikrowelle, die Spülmaschine, der Herd, der Kühlschrank **Geschirr für das Essen:** die Tasse, die Schüssel, die Gabel, das Glas, das Messer, der Löffel **Geschirr für das Kochen:** die Pfanne, der Topf

3. **b** selten **c** manchmal **d** fast nie, oft

4. **a** ~~Pizza~~ Currywurst **b** ~~Fast~~Mehr als **d** ~~nur in Hamburg und Berlin~~ überall (in Deutschland)

5. **b** 2 **c** 1 **d** 5 **e** 4

Pause b Krapfen **c** Pfannkuchen **d** Ballen **e** Kreppel

6a Wo und was essen Sie zu Mittag?

6b 2 Im Büro. 3 Zu Hause. 4 Im Fast-Food Restaurant. 5 Im Café.

6c 1 Manfred isst ein Fleischgericht. 2 Elvira hat Salat, Obst und Schokolade dabei. 3 Demet kocht Pfannkuchen. 4 Felix kauft einen Hamburger und Pommes. 5 Mandy trinkt eine heiße Schokolade.

7. **a** Ja, bitte./Lass/Lassen Sie sie ruhig an. **b** Kein Problem. **c** Ja, bitte./Nein, danke. (Ich kann nicht mehr.) **d** Oh, danke, das ist aber nett. **e** Komm/Kommt gut nach Hause./Komm/Kommt bald mal wieder.

8. **a** ○ Nein, noch nicht. ◆ Was darf ich Ihnen bringen? ○ Ich nehme die Gemüsesuppe und ein Mineralwasser. ◆ Ja, gern. Kommt sofort. **b** ◆ Hier bitte, die Suppe und das Wasser. ○ Aber – die Suppe ist ja kalt. ◆ Oh, das tut mir leid. Ich bringe Ihnen sofort eine neue. ○ Danke, sehr nett. **c** ○ Ich möchte bitte bezahlen. ◆ Eine Suppe und ein Mineralwasser – das macht 5,40 Euro. ○ Hier bitte. Stimmt so. ◆ Vielen Dank und einen schönen Tag noch.

9 Musterlösung: Hallo Martin, tut mir leid, aber ich kann nicht pünktlich kommen./aber ich komme leider zu spät, weil ich den Bus verpasst habe. Jetzt muss ich 20 Minuten warten./ Der nächste Bus kommt leider erst in 20 Minuten. Soll ich noch etwas einkaufen/mitbringen? Ich bin um kurz nach acht da./komme um kurz nach acht. Bis später.

Lektion 4

1 b Wenn Sie den Kaffee gekocht haben, öffnen Sie bitte die Post. **c** Wenn Sie mit der Post fertig sind, helfen Sie bitte im Sekretariat. **d** Wenn Sie nichts zu tun haben, räumen Sie bitte das Büro auf. **e** Wenn Sie eine Zigarette rauchen wollen, gehen Sie bitte raus. **f** Wenn Sie am Abend gehen, nehmen Sie bitte die Briefe mit.

2 b Dann sollten Sie die Post öffnen. **c Dann** sollten Sie im Sekretariat helfen. **d Wenn Sie keine Arbeit haben, dann** sollten Sie das Büro aufräumen. **e Für eine Zigarettenpause** sollten Sie rausgehen. **f Am Abend** sollten Sie die Briefe mitnehmen.

3 Wahl, Betrieb, Regel, Angestellte/r, Durchschnitt, Lohn, Weiterbildung

4 b Arbeitnehmer **c** Entscheidung **d** Lohn **e** mindestens **f** Feierabend **g** Besprechung

5 b 6 **c** 4 **d** 1 **e** 3 **f** 5

6 b ~~Motorräder~~ Fahrräder **c** ~~gern~~ nicht gern **d** ~~mag er nicht~~ machen ihm viel Spaß **e** ~~keine~~ eine **f** ~~300 Euro~~ zwischen 300 und 4000 Euro **g** ~~eine Stunde~~ oft zwei Stunden **h** ~~Kunden berät~~ Reifen wechselt

Pause Lösung: Friseur, Arbeiter, Feierabend

7 Gespräch 1: Frau Kramer ist noch nicht da. Herr Haller soll später noch einmal anrufen. **Gespräch 2:** Frau Kramer hat einen Termin. Frau Kramer soll zurückrufen.
Gespräch 3: Frau Kramer hat Mittagspause. Herr Haller kann morgen wieder anrufen.

8 a Können Sie ihm bitte etwas ausrichten? **b** Dann versuche ich es später noch einmal. **c** Nein, sie ist noch nicht da. **d** Ja, er soll mich bitte zurückrufen, wenn er kommt.

9 ○ Guten Tag, hier spricht Becker. Können Sie mich bitte mit Herrn Hartl verbinden? ◆ Tut mir leid, Herr Hartl ist heute nicht im Haus. ○ Ist denn sonst jemand aus der Export-Abteilung da? ◆ Nein, tut mir leid. Im Moment sind alle in der Mittagspause. ○ Dann rufe ich später noch einmal an. Können Sie mir die Durchwahl von Herrn Hartl geben? ◆ Ja, gern. Das ist die 107. ○ Vielen Dank. Auf Wiederhören.

10 A Kolleginnen und Kollegen, meinen Abschied mit Euch feiern, wenn Ihr alle kommt. **B** Mitarbeiterinnen und Mitarbeiter, Wenn Sie mitfahren, auf viele Teilnehmer/innen **C** wenn Du heute Feierabend machst, für Deine Hilfe

11 Musterlösung: A Liebe Kolleginnen und Kollegen, ich bin neu in der Firma und möchte Sie alle für den 30. August um 17 Uhr in die Kantine einladen. Ich freue mich, wenn Sie alle kommen. Viele Grüße. **B** Liebe Frau Claassen, ich komme heute später, denn ich habe einen Arzttermin. Um zehn Uhr habe ich aber einen Termin mit einer Kundin, Frau Meinart. Rufen Sie sie bitte an und vereinbaren Sie mit ihr einen neuen Termin? Vielen Dank!

Lektion 5

1 b Ilja kämmt die Katze. **c** Ilja zieht sich um. **d** Ilja ernährt sich gesund. **e** Ilja ruht sich aus. **f** Ilja stellt die Bücher ins Regal.

2 b auf **c** an **d** auf **e** um **f** über

3 a auf den, an den **b** an die **c** mit einer

4 a Darüber, darauf **b** worum, daran **c** darüber, worüber

5 c der Besuch **d** (sich) entspannen **e** (sich) ernähren **f** der Tanz

6 bewegen, ernähren, Fitness, Luft, nehmen, halten

7 C Mehr Sport heißt bessere Schüler, **F** Sport im Alter, **D** Fünfmal 30 für ein gesundes Leben

8 richtig: a, c, e, f

9 Gespräch 1: richtig: a, d **falsch:** b, c **Gespräch 2: richtig:** a, b **falsch:** c, d

10 a Ja, sehr. **b** Nein, überhaupt nicht. **c** Ja, eigentlich schon. **d** Nein, eigentlich nicht.

11 b Für Liebesfilme. **c** Sehr interessant. **d** Nein, eigentlich nicht.

12 man soll viel Sport machen, ich finde das übertrieben, wie soll das funktionieren, klappt das nicht, Ehrlich gesagt bin ich, Das ist genug Bewegung, freue ich mich auf mein Sofa

Lektion 6

1 b Das konnte ich aber nur mit einem Universitätsstudium werden. **c** Aber ich durfte nicht studieren, weil meine Noten nicht gut genug waren. **d** Ich sollte eine Ausbildung machen. **e** Darauf hatte ich überhaupt keine Lust. **f** Also musste ich mehr lernen und bessere Noten schreiben.

2 b dass jedes Kind schwimmen lernen muss. **c** dass ein Schulabschluss und eine gute Ausbildung wichtig sind. **d** dass auch Mädchen sich mehr für Mathematik und Physik interessieren sollten. **e** dass viel mehr Mädchen als Jungen jedes Jahr die Abiturprüfung bestehen. **f** dass Kinder ihre Interessen herausfinden sollten.

3 a Biologie **b** Kunst **c** Geografie **d** Physik **e** Geschichte

4 a studieren **c** halten **d** arbeiten **e** werden **f** gehen

5 Realschule, Theorie, faul, bestanden, beworben, Abschluss

6 a 6 **b** 9 **c** 2 **d** 5 **e** 3 **f** 8 **g** 7 **h** 4

7 a Turhan: A, Mia: C , Olli: D
b 1 Lehrerin 2 Export 3 Physiotherapeutin 4 Tischler

Lösungen

8 a 2 b 5 c 7 d 4 e 8 g 6 h 3

9 richtige Reihenfolge: **d, c, e, a, f, b**

10 **A** Italien **B** Abitur **C** 2017
D Elektrotechnik **E** Nein **F** Englisch (sehr gut), Deutsch (ein wenig)

Lektion 7

1 **b** euch, ihnen **c** deinem **d** der **e** den **f** meinem, ihm **g** dem

2 **b** sie Ihnen **c** es ihnen **d** es euch **e** sie ihm **f** es mir **g** es mir.

3 **b** die Briefmarke **c** der Geldbeutel (die Geldbörse) **d** die Schachtel **e** die Puppe **f** die Kette **g** das Geschenkpapier

4 die Braut, die Trauung, die Kirche, die Torte, das Geschenk, tanzen, der Bräutigam, der Ehering

5 **b** 6 **c** 5 **d** 3 **e** 4 **f** 1

6 **b** Man kann eigentlich nicht die Leute einladen, die man will. **c** Die Gäste feiern, aber Braut und Bräutigam haben Stress. Sie haben von der eigenen Hochzeit fast nichts. **d** Das Paar ist sich sicher, dass ihm diese Hochzeit immer in Erinnerung bleibt. **e** Jeden Freitag finden dort auf dem Leuchtturm Trauungen statt. **f** Sören hat schon immer davon geträumt, in einem Heißluftballon zu fahren. **g** „Unser Glück war, dass im Ballon kein Platz für Hochzeitsgäste war." **h** „So haben wir vor zwei Jahren in einem Ballon Ja gesagt." **i** „Das Turmzimmer ist sehr klein", sagt Peter. Nur der Mann vom Standesamt, die Fotografin und das Hochzeitspaar hatten darin Platz.

7 **a** ein Gutschein für Theaterkarten **b** ein Computerspiel **c** ein Flamenco-Rock **d** ein Gutschein für Musiker **e** Pralinen **f** eine Kaffeemaschine

8 **b** Und wie viele Gäste willst du einladen **c** Muss das sein **d** Mir ist aber wichtig **e** Wo soll das Fest stattfinden **f** Ist das so wichtig **g** Hauptsache **h** Ich finde **i** Und was sollen wir dir schenken **j** Man kann doch kein Geld zum Geburtstag schenken

Pause Lösung: Flitterwochen

9 Lieber Lucas, am Wochenende war ich auf der Hochzeit von Britta und João. Es war wirklich eine sehr schöne Hochzeit. Die Trauung war in der Kirche. Zuerst hat es sehr lange gedauert. Dann endlich haben Britta und João die Ringe getauscht. Nach der Trauung hat eine Fotografin das Brautpaar und alle Gäste fotografiert. Dann sind das Brautpaar und alle anderen zum Restaurant „Schöner Blick" gefahren. Die Feier war sehr schön. Das Hochzeitsessen war sehr lecker. Beim Kaffee hat Brittas Vater eine Rede gehalten. Die war sehr lustig und wir haben alle sehr gelacht. Nach dem Essen haben wir einen Spaziergang gemacht. Später haben wir ein paar typische Hochzeitsspiele gespielt. Am Ende haben wir getanzt. Die ganze Nacht!

Lektion 8

1 **b** Otto ist nach der Arbeit sehr müde. Trotzdem sieht er lange fern. **c** Der Rock ist zu groß. Trotzdem will Lena ihn haben. **d** Frau Keil hat wenig Geld. Trotzdem träumt sie von einem neuen Mantel. **e** Nina arbeitet immer sehr lange. Trotzdem will sie abends Sport machen. **f** Der Pullover passt ihm sehr gut. Trotzdem gefällt er Markus nicht.

2 **b** würde **c** könnten **d** würde, könnten **e** könntet

3 **a** unternehmen, auftreten, Vorschlag, Flohmarkt
b ausgehen, Künstler, gemeinsam, Einverstanden

4 **in der Natur:** eine Wanderung machen, an einen See fahren, eine Radtour machen **in der Stadt:** eine Rundfahrt machen, ins Museum gehen, auf den Flohmarkt gehen, in die Disco gehen **zu Hause:** Freunde zum Kaffeetrinken einladen, den Haushalt machen, Karten spielen, eine DVD ansehen, Klavier spielen

5 **Samstag:** 8 Uhr Naschmarkt, 15 Uhr Riesenrad fahren, 20 Uhr Disco **Sonntag:** 15-17.30 Uhr Theater **nicht möglich:** Museum, Stephansdom

6 **a** Samstag, 20 Uhr **b** Samstag, 15.30 Uhr **c** Samstag und Sonntag, 14.30 Uhr **d** Sonntag **e** 10 bis 18 Uhr

7 **b** falsch **c** falsch **d** richtig **e** falsch

8 **a** Ja, gern. Wann soll ich dich abholen? **b** Klar. Warum nicht? Wie wäre es am Freitag?, Also, ich würde lieber einen lustigen Film sehen., Einverstanden. **c** Tut mir leid. Das geht leider nicht., Weil ich morgen mit Thomas verabredet bin.

9 **a** Du könntest einen Kuchen backen. **b** Du könntest ein Buch lesen. **c** Du könntest mit mir Karten spielen. **d** Du könntest mit deiner Freundin telefonieren.

Pause etwas mit Freunden unternehmen 16%
ins Fitnessstudio gehen 10%
joggen 11 %
ein Buch lesen 32%
selbst Musik machen 25%
mit Kindern spielen 27%

10 **Musterlösung:** Hallo Mario, ich würde am Samstagnachmittag gern etwas mit dir unternehmen. Hast du Zeit? Wenn das Wetter gut ist, könnten wir an einen See fahren/eine Radtour/Wanderung machen/... Und wenn es regnet, könnten wir ins Kino/Museum/Schwimmbad gehen. Was meinst du? / Wie findest du das? / Hast du Lust? Ich könnte dich abholen, wenn du willst. Bitte schreib/antworte mir bald! / Gib Bescheid, Dein(e)...

Lektion 9

1 **b** gut **c** günstigen **d** kleinen **e** neuen **f** interessantes

2 praktisch**en**, neu**es**, verschieden**en**, bunt**es**, schön**e**, verschieden**e**, hübsch**en**

3 **b** größer, am größten **c** lieber, am liebsten **d** schöner, am schönsten **e** mehr, am meisten **f** einfacher, am einfachsten **g** teurer, am teuersten

4 b der Teppich c das Nahrungsmittel d der Stoff e die Platte

5 b Plastik, Glas c Papier d Stoff e Metall

6 a hübsch b spannend c praktisch d bunt e scheußlich f wertvoll

7 b Thorsten Kowalski c Magda Schneider d Thorsten Kowalski e Heike Köster f Heike Köster g Rudolf Settele h Magda Schneider

Pause 1 Feuerzeug 2 Wecker 3 Kamera 4 Besteck 5 Hammer 6 Hut 7 Metall 8 Plastik 9 Bikini 10 Pudding, **Lösung:** Baumarkt, Werkzeug

8 a Gutscheine. b Für billige und gute Restaurants. c Über das Kaufen und Verkaufen im Internet. d Am Nachmittag. e Mehr Menschen haben einen Arbeitsplatz.

9 a 5 c 6 d 2 e 4 f 3

10 b schlage vor c Geld kann … ausgeben d genauso gern … wie e Bist du sicher

11 Mein Lieblingsgegenstand **ist meine Kette.** Am Anfang hat sie mir nicht gefallen, **weil sie nicht sehr modern ist.** Aber sie ist mir sehr wichtig, **weil sie mich an meine Schwester erinnert.** Meine Schwester hat sie mir vor drei Jahren zum Abschied geschenkt. **Sie wohnt jetzt in den USA – ziemlich weit weg.** Deshalb mag ich die Kette jetzt so gern **und trage sie jeden Tag.**

Lektion 10

1 b neuen c neue d kurze e alten f weißen

2 a neuen, graue b gemachten, kleine c schöne, gelbe, roten

3 b Was für ein c Was für d Welche e Welches

4 b Die E-Mails werden beantwortet. c Der Kunde wird abgeholt. d Die Briefe werden geschrieben. Die Geschenke werden verpackt. e Der Bus wird repariert.

5 b uninteressant c unordentlich d unzufrieden e unpünktlich

6 c unpraktisch d unfreundlich e gut f schön g richtig h ungesund

7 b verwenden c einen Briefumschlag d leeren e ausfüllen f das Mobiltelefon

8 b Enten c Elefanten d Vögel e Bär

Pause a 4 b 3 c 1 d 2

9 richtig: c, e, f, g falsch: b, d

10 A Wörterbuch B morgen, 19 Uhr C 89 54 11-233 D Montag, 18. Mai, 14 Uhr E Brautstrauß

11 a Ich wollte ja kommen, aber mein Zug hatte Verspätung. b Ich wollte ja zur Post fahren, aber ich hatte meine Monatskarte vergessen. c Ich wollte ja Briefmarken kaufen, aber ich hatte nicht genug Geld dabei. d Ich wollte dir ja eine SMS schicken, aber ich habe deine Handynummer nicht mehr gefunden.

12 Hallo Nina, entschuldige, dass ich mich erst heute melde. Ich habe mein Handy nicht mehr gefunden und es drei Tage lang gesucht. Es ist hinter das Sofa gefallen! So habe ich erst jetzt Deine Nachricht auf meiner Mailbox gehört. Danke für die Einladung zur Grillparty. Leider kann ich nicht kommen, weil ich am Samstag zum Fußballspiel Bayern – Barcelona möchte. Das Spiel ist mir sehr wichtig.
Ich hoffe, Du bist nicht sauer. Ich melde mich wieder. Viele Grüße Philipp

Lektion 11

1 b am … vorbei c über die d in die e aus dem f gegenüber der g um … herum

2 b Es hat einen Unfall gegeben. Deshalb haben wir stundenlang im Stau gestanden. c Ein Reifen war kaputt. Deshalb musste ich den Pannendienst rufen. d Man kann Radfahrer im Winter nur schlecht sehen. Deshalb sollten sie immer ihr Licht anmachen. e Ich habe die letzte U-Bahn verpasst. Deshalb musste ich ein Taxi nehmen. f Wir haben kein Geld dabei. Deshalb können wir nicht tanken.

3 b Strafzettel c Fußgänger d bremsen e hupen f abbiegen

4 B die Ausfahrt C die Baustelle D der Stau E die Brücke F die Kreuzung G der Falschfahrer H der Kreisverkehr

5 Auf dem Land darf man in Deutschland und Österreich (maximal) 100 km/h fahren, in der Schweiz (darf man maximal) 80 km/h fahren. Auf der deutschen Autobahn gibt es kein Tempolimit, aber 130 km/h sind empfohlen. In Österreich darf man (maximal) 130 km/h fahren, in der Schweiz darf man (maximal) 120 km/h fahren.

6 b 35 € c 100 € d 35 € e/f 80 €

7 a richtig, falsch b lieben, schnell fahren c Sie fahren sicherer als Männer., Weil das praktisch ist.

8 b 1 c 5 d 2 e 4

9 Pass auf, du gehst immer geradeaus bis zur Poststraße. Dort biegst du links ab und gehst über die Brücke. Dann gehst du die zweite Straße links. Du siehst den Supermarkt auf der linken Seite.

10 …Vom Hauptbahnhof (aus) bis zur Firma brauchen Sie circa 20 Minuten. **Am besten fahren Sie mit dem Bus 110 in Richtung Melchiorplatz. Steigen Sie an der siebten Haltestelle aus. Die Haltestelle heißt Willibaldstraße. Gehen Sie die Willibaldstraße entlang. Die Firma ist auf der** rechten Seite. Es ist die Hausnummer 68. **Bei uns ist es auch** sehr sonnig, aber nicht so warm.

11 a wochen**tag**s, links, Erwach**se**ne, Taxi, un**ter**wegs, Volkshochschule b Werk**zeug**, funk**tio**nieren, Goe**the**platz, rech**ts**, Informa**tio**n, Hi**tz**e

Lektion 12

1 b in den c in den, an die d in die e im, ans f am g auf der

2 A großen, lange, sonnigen B Preiswerter, leichtem, einfachen C Interessante, historischem, breitem, zahlreiche

3 b buchen c besichtigen d haben e übernachten

4 b Einzelzimmer c Ferienwohnung d Pension e Camping f Schloss

Lösungen

5 A Unterkunft B Gebirge C Reisebüro, Spezialist D Ausstellungen E Aufenthalt

6 A Buchung B Nachricht aus dem Urlaub C Bitte um Information D Angebot

7 richtig: b, d **falsch:** c, e

8 a einer Pension b Sommer c fliegen. d gibt es keine Plätze mehr. e wandern gehen. f 20 Minuten

9 b Ich habe einen Vorschlag. c Ich habe da eine Idee. d Schade. e Ach nein, darauf habe ich keine Lust.

10 Guten Tag. Ich habe gehört, dass Sie günstige Flüge nach Istanbul anbieten., Am 3. Oktober., Das interessiert mich. Wann könnte ich denn da fliegen?, Gut, den nehme ich. Bitte buchen Sie den Flug für mich und meine Frau., Wir würden gern am Sonntag zurückfliegen, so gegen Mittag.

Pause B In Hamburg. C In Berlin. D In Dresden.

11 1 Lieber Leon, 2 Du schreibst, dass Du in meine Heimat Brasilien reisen willst. 3 Ich empfehle Dir, dass Du im Februar dorthin reist. 4 Das ist eine gute Zeit, weil dann bei uns Sommer ist. 5 Außerdem feiern wir im Februar Karneval. 6 Am bekanntesten ist sicher der Karneval in Rio de Janeiro. 7 Aber ich finde den Karneval in Salvador am schönsten. 9 Das ist ein einfaches Gericht, aber sehr lecker! 10 Wenn Du noch andere Fragen hast, schreib mir. Ich freue mich, wenn ich Dir helfen kann. 11 Viele Grüße, Guilherme.

Lektion 13

1 B Könnten Sie mir sagen, ob es den Rock auch eine Nummer kleiner gibt? C Könnten Sie mir sagen, was diese Tassen hier kosten? D Könnten Sie mir sagen, wie man online Geld überweisen kann? E Könnten Sie mir sagen, ob ich ein Formular ausfüllen muss? F Könnten Sie mir sagen, von welchem Gleis der Zug nach Frankfurt abfährt?

2 b überweisen lassen c lasse … liefern d lässt … schneiden e lasst … reparieren f lass … erledigen

3 b Mario will seine Miete abbuchen lassen. c Karim muss die Reifen wechseln lassen. d Hanna lässt sich die Kontoauszüge mit der Post schicken. e Man kann sich am Schalter Bargeld geben lassen.

Pause Sie schwimmt im Geld. (Er wirft das Geld zum Fenster raus. = Er gibt viel zu viel Geld aus und kauft unpraktische und unnütze Sachen.)

4 b erledigen c eröffnen d sparen e erledigen f verschieben

5 b bar c abheben. d Zoll e abbuchen. f überweisen?

6 richtig: b, e, f, g, i **falsch:** c, d, h

7 a Ausgehen, Zeitschriften b 300 (dreihundert) Euro c Taschengeld, Jobs d Tablet.

8 a 2 Das bedeutet: Man spart Geld, zum Beispiel auf einem Konto. 3 für jemanden etwas bezahlen, zum Beispiel die Arztrechnung b Sparen in Deutschland c 2 am wenigsten. 3 ihre Ausbildung. 4 weniger als Männer 5 weniger als 6 Notfälle 7 zur Bank bringen. 8 im Kühlschrank.

9 b Höflich fragen c Höflich fragen d Interesse wecken e Höflich fragen

10 a Könnten Sie bitte mal nachsehen b Können Sie mir bitte zeigen d Ich würde gern wissen

11 Girokonto, Zusätzlich beantrage ich die Ausstellung einer EC-/Maestro-Karte, Kreditkarte, 13. Februar, Herr, per Telefon

Lektion 14

1 A ist … gesprungen, wollte, war, hat … geheiratet, bekommen, geholfen, hat … geändert, hat … ausprobiert, interessiert hat, hat … gemacht B musste, hat … gekümmert, hat gehofft, hatte, hat … entschieden, durfte

2 b Vorschlag c Wunsch d Ratschlag e Vorschlag f Ratschlag g Wunsch

3 wenn, weil, weil, dass, wenn, dass

4 b unglückliches c sonniger d Lehrerin e bezahlbar f kinderloses g Bärchen

5 b Kinderbuch c Baumhaus d Geschenkpapier e Tanzschule f Orangensaft

6 richtig: c, e **falsch:** b, d

7 richtig: Ein Name sollte für jedes Alter passen.; Eltern geben ihrem Kind gern einen modernen Namen.; Man sollte einen ausländischen Namen leicht schreiben können.

8 b Wir könnten in den Zoo gehen c Das finde ich nicht so interessant. d Aber vielleicht hast du Lust auf e Aber wie wäre es mit einem f Das ist ein toller Vorschlag. g Einverstanden.

Pause Müller oder Mayer

9 Meine Schwester musste ins Krankenhaus. Deshalb habe ich auf ihre zwei Kinder aufgepasst. Du weißt ja, dass ich die Kleinen wirklich gern mag. Trotzdem war ich am Abend immer ganz schön müde. Am Tag hatte ich keine Ruhe, denn die zwei wollten die ganze Zeit spielen. Wenn sie Mittagsschlaf gemacht haben, dann habe ich die Wohnung aufgeräumt. Meine Schwester ist immer noch im Krankenhaus, aber ich bin jetzt wieder zu Hause, weil die Kinder übers Wochenende bei unseren Eltern sind. Ab Montag kümmere ich mich dann wieder um die Kinder. Wollen wir am Sonntag etwas zusammen unternehmen? Gib mir doch Bescheid, ob Du Lust hast.

Quellenverzeichnis

Cover: © Thinkstock/Ingram Publishing

S. 4: © fotolia/theartofphoto

S. 6: Ü6 © fotolia/Klaus Bäth; Ü7: Iliana © Thinkstock/iStock/JackF; Masoud © Thinkstock/iStock/AntonioGuillem

S. 7: Ü9 © iStock/TriggerPhoto

S. 12: Ü8 Mit freundlicher Genehmigung der BSR (Berliner Stadtreinigung), www.BSR.de – © Peperoni Werbe- und PR-Agentur GmbH

S. 14: Ü1 © Thinkstock/iStock/Milkos

S. 15: Ü4 © Thinkstock/iStock/gkrphoto

S. 17: Pause © Thinkstock/iStock/Oliver Hoffmann; Ü6 © Thinkstock/Stockbyte/Martin Poole

S. 18: Ü8: Florian Bachmeier, Schliersee

S. 19: Ü3 © Adobe Stock/Robert Kneschke

S. 20: Ü5 © fotolia/JiSign

S. 21: Ü6 © Getty Images/E+/stockstudioX

S. 22: Pause: links © irisblende.de; rechts © Thinkstock/iStock/KatarzynaBialasiewicz

S. 27: Pause beide © Thinkstock/iStock/ValuaVitaly; Ü9: oben © fotolia/BCkid; unten © fotolia/Patrizia Tilly

S. 29: Ü1: Teenager © Thinkstock/iStock/tetmc; Frau © Thinkstock/iStock/m-imagephotography; Ü2 © fotolia/WavebreakMediaMicro

S. 35: Torte © Thinkstock/Hemera/Erica Truex

S. 36: oben © Thinkstock/iStock/Halfpoint; unten © Thinkstock/iStock/MariuszBlach

S. 37: Fächer © Thinkstock/iStock/MrsWilkins

S. 40: Lerntipp: Mascha Greune, München

S. 41: Burgtheater © Thinkstock/iStock/Borisb17; Café Sacher © Thinkstock/iStock/bonchan; Prater © Thinkstock/iStock/Markus Schieder; Stephansdom © Thinkstock/iStock/BettinaSampl

S. 44: Ü3 © fotolia/Christian Jung

S. 46: Magda, Heike: Florian Bachmeier, Schliersee; Rudolf © Thinkstock/iStock/NADOFOTOS; Thorsten © Thinkstock/iStock/g-stockstudio

S. 47: Foto © Thinkstock/iStock/ferrerivideo

S. 51: Ü8: von links: © MEV/digiphot; © MEV; © MEV/Wendler Martin; © Thinkstock/iStockphoto; © Thinkstock/Purestock; Pause: c © Thinkstock/iStock/Kharlamova; d: Hueber Verlag/Gisela Specht

S. 57: Ü7 © Thinkstock/iStock/BartekSzewczyk

S. 62: Ü9: oben © Thinkstock/iStock/scanrail; unten © iStock/rotofrank; Ü10 © PantherMedia/dima_sidelnikov

S. 63: A © Thinkstock/iStock; B © Thinkstock/iStock Editorial/anandoart; C © fotolia/c; D © Thinkstock/iStock/tichr; Deutschlandkarte © fotolia/Kaarsten

S. 67: Ü8 © Thinkstock/iStock/Freestocker

S. 68: Ü11 © fotolia/contrastwerkstatt

S. 69: Ü1A von oben: © Getty Images/Stockbyte/George Doyle; © Thinkstock/iStock/vm; © Thinkstock/iStock/MarKord; Ü1B von oben: © fotolia/micromonkey; © Thinkstock/iStock/omgimages

S. 71: © Getty Images/Photodisc/Image Source

S. 72: Ü7 © Thinkstock/iStock/green_casius; Ü8: Gerd Pfeiffer, München

S. 73: © iStock/sandoclr

Bildredaktion: Iciar Caso, Hueber Verlag, München